NATIONAL GEOGRAPHIC

NATIONAL GEOGRAPHIC

美国国家地理全球史

征服美洲

The Conquest of America

美国国家地理学会　编著　　赵宇霞　译

中国出版集团　现代出版社

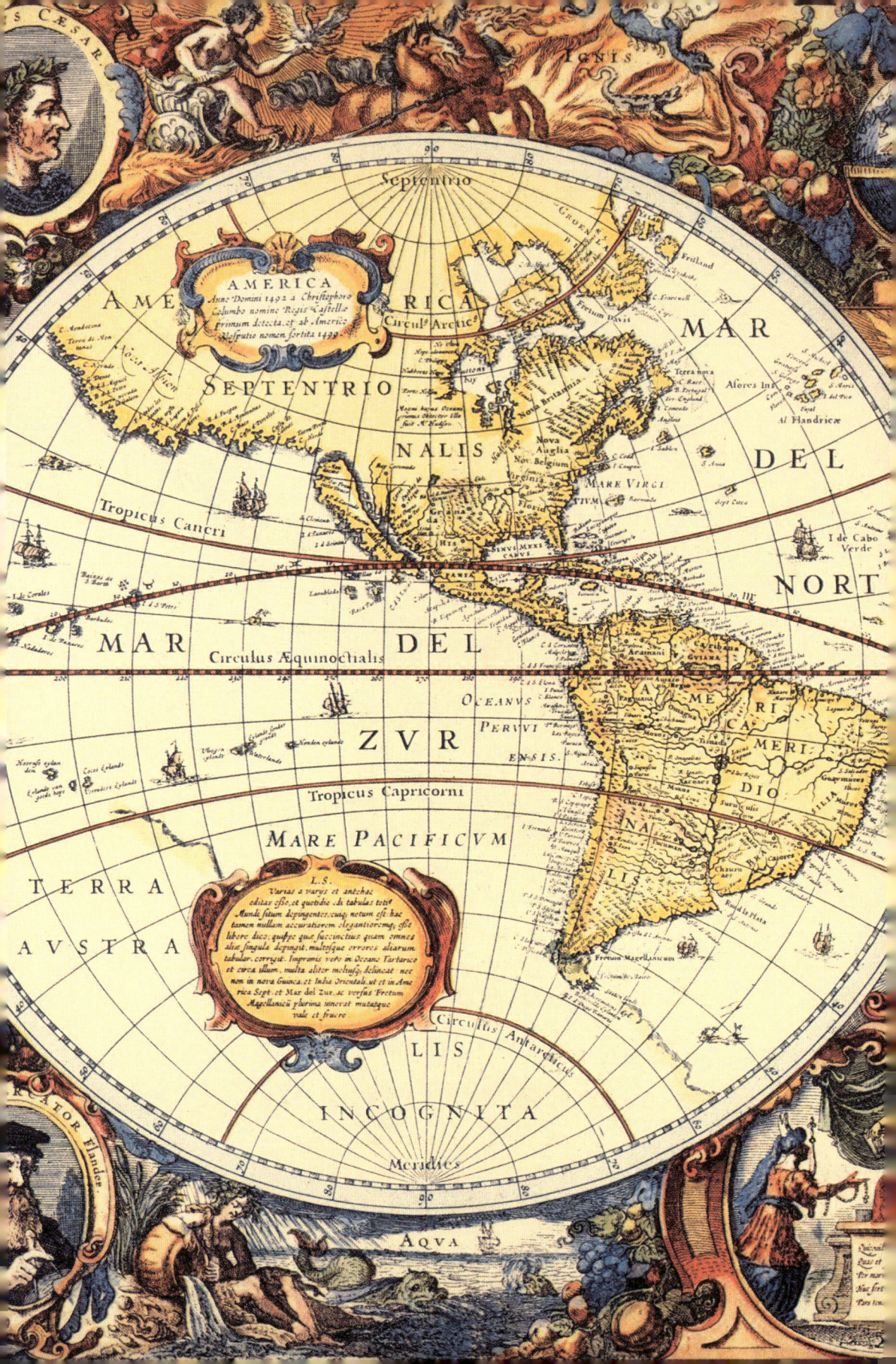

AMERICA

Anno Domini 1492 a Christophoro Columbo nomine Regis Castellæ primum detecta, et ab Americo Vesputio nomen sortita 1499.

Septentrio

AMERICA SEPTENTRIONALIS

MAR DEL NORT

Tropicus Cancri

Circulus Æquinoctialis

MAR DEL ZUR

AMERICA MERIDIONALIS

Tropicus Capricorni

MARE PACIFICUM

TERRA AUSTRALIS INCOGNITA

Circulus Antarcticus

Meridies

Aqua

L.S.

Varias a varijs et antehac editas esse, et quotidie distabulas totius Mundi situm depingentes, cuiq; notum est: hac tamen nullam accuratiorum elegantioremq; esse libere dico: quippe quæ, succinctius quam omnes aliæ singula depingit, multisque erroribus aliarum tabular. corrigit. Imprimis vero in Oceano Tartarico et circa illum, multa aliter molitus; delineat: nec non in nova Guinea, et India Orientali, ut et in America Sept. et Mar. del Zur, ac versus Fretum Magellanicum plurima innovat mutatque valé et fruere.

AËR
CLAUDIUS PT
Septentrio
MARE TARTA:
RICUM
MARE
ATLAN
TICUM
OCEANUS
CHINENSIS
AFRICA
OCEANUS
ÆTHIOPICUS
MAR DI
INDIA
MARE LA
CHIDOL
TERRA
AUS
TRALIS IN
COG
NITA
Doctissimis Ornatissimisq; Viris
D.D. Davidi Sanclaro, Antonio de
Willon, et D. Martinio, Matheseos
in illustriss. Academia Parisiensi
Professoribus eximiis in veræ
amicitiæ D.D.
Henr. Hondius A°. 1630.
Meridies
TERRA
IODOCUS HON

...EFFIGIES...DIGN...MIRAND... COLVMBI ANTIPODVM P...
...QVI PENETRAVIT IN... ORBEM

目 录

概述 11

大洋之间的通达 13

征服阿兹特克帝国 51
    档案：玛雅文明的辉煌与衰败 88

印加帝国的灭亡 97
    档案：太阳之子帝国 131

第一个全球性帝国 139

美洲城市生活 155

文化的碰撞 181
    档案：寻找传说中的黄金国 210

附录 217
    对照年表：欧洲、美洲和非洲、东方 218
    王朝列表 220

插图（第2页） 为纪念海军元帅的航行，1992年3艘克里斯托弗·哥伦布（Christophe Colomb）的快帆船（仿制船）从西班牙海岸出发航行在大西洋上。

插图（第4—5页） 1641年亨里克斯·洪迪乌斯（Henricus Hondius）和简·詹森纽斯（Jan Jansson）制作完成的墨卡托地图册中的双半球世界地图：新世界地理水文图。

插图（左侧） 意大利画家塞巴斯蒂亚诺·德·皮翁博（Sebastiano del Piombo）的画作，推测是克里斯托弗·哥伦布的肖像画（现藏于纽约大都会艺术博物馆）。

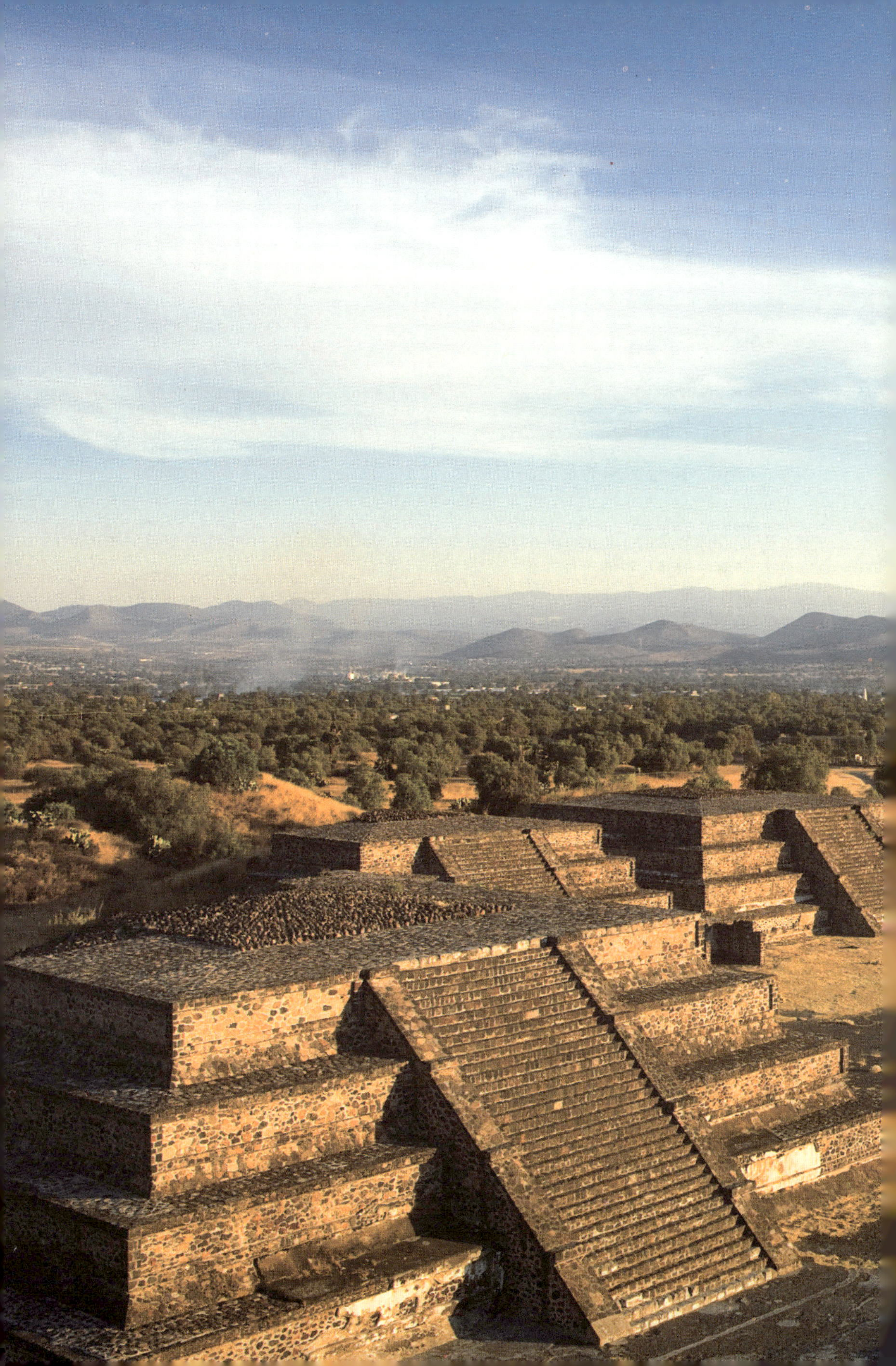

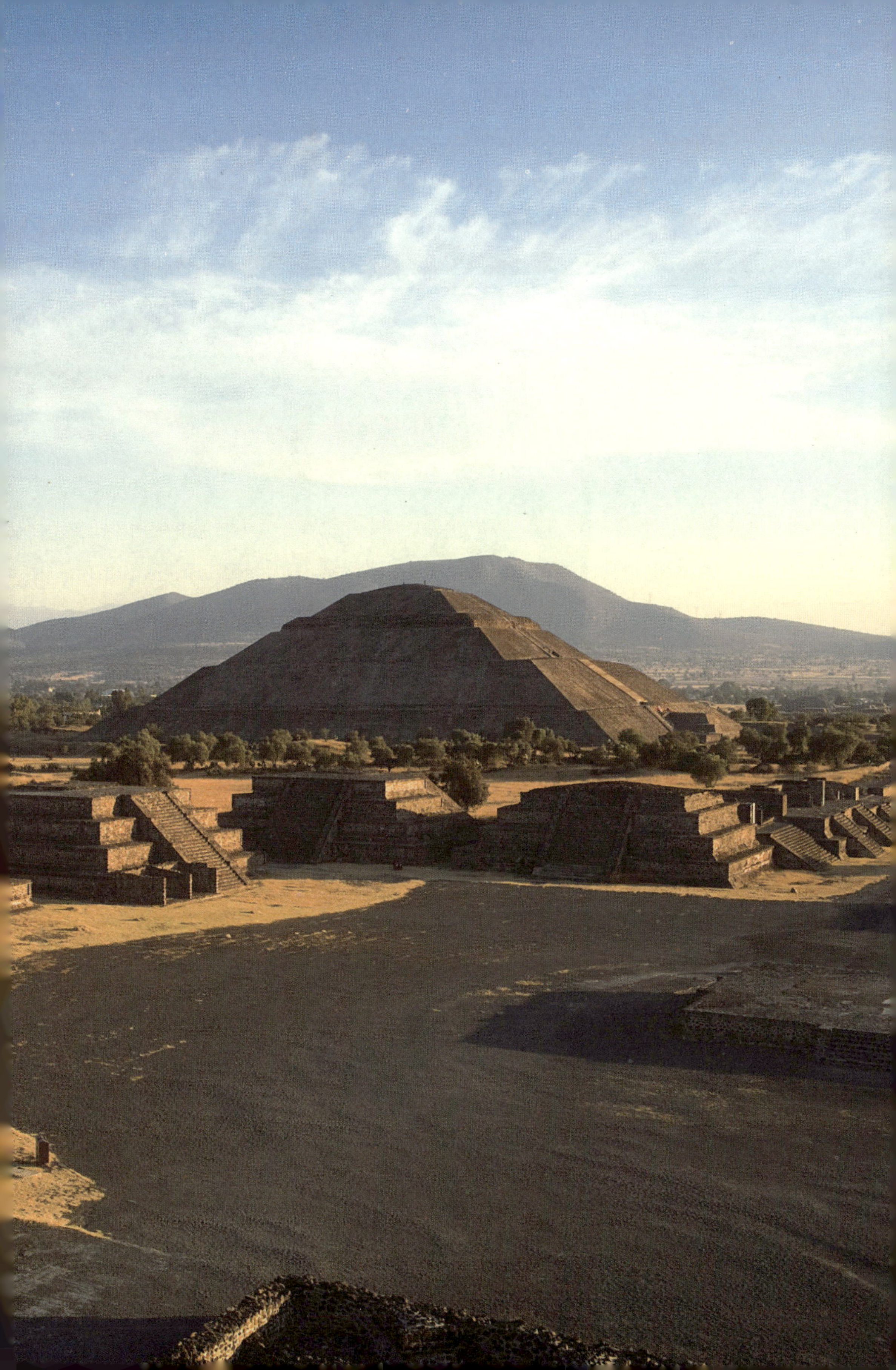

alli, q̄ quiere dezir, xicara de aguilas, y esta oy dia esta ala puerta dela yglesia mayor, junto ala entena xo llx mas tesoro q̄ se quemo, q̄ trato dixo lo q̄ los grã des le auiã fre do, y todo quanto el Rey auitzoll tenia en

oro, hallandose a ellas toda la nobleza de nueua españa, el Rey de tez cuco mando ningun señor saliese dela ciudad, ha que la elleciõ del nueuo Rey fuese por q̄ que via fuese hecha cõ ben eplazz

Capitullo. lij. dela junta solene q̄ se hizo sobre la elleciõ del nueuo Rey de mexi co y como salio electo el poderoso, y gran señor Montecuma, segun do deste nõbre

a luego el dia siguiente q̄ las cenizas y auitzoll fueron enterradas, y acaba las obsequias y auimonias de tanta ma dad, el Rey neçaual pilli de tez cuco,

概　述

从1492年10月12日（克里斯托弗·哥伦布到达瓜纳哈尼岛）到1532年11月16日（阿塔瓦尔帕皇帝被俘）的40年间，世界经历了历史上最深刻的变化。西班牙人和葡萄牙人开辟了新航线，人们对地球的认识开始清晰起来：地球变大了，无边无际，它的体积是人们原有认知的5倍之大；同时，世界的一体性和地圆说得到了证实。人类开始有了整体意识：居住在不同大陆的人们都将目光转向了海洋；因为他们知道在海的另一边有着令人难以置信、完全不同的世界，不同地区的人们彼此相连，彼此交往。这个变化的产生都源于一个君主国的推动。在这40年的进程中，这个君主国也经历了从努力重建一个统一的国家，到建立一个历史上最大帝国的过程。与世隔绝了几千年的美洲印第安族群，突如其来地沦为被殖民的对象。他们甚至没有时间去理解命运为何转变得如此之快。他们有了新视野的同时也认识到所处大陆的身份。殖民进程把他们和世界上的其他民族捆绑在一起，把他们拖上世界历史的舞台，却破坏了他们的社会体系和人口结构。欧洲人、美洲印第安人、非洲人和亚洲人之间的相互了解彰示了世界的一体性。以探险和征服为目的的海上航行越来越频繁，贸易往来使异国的珍贵物品交换成为可能，黄金和白银以前所未有的数量流动，最稀缺的香料也变得不再难以企及。不同地区、不同民族的接触带来的震撼，导致了中世纪以来人们固有观念和思想意识的崩塌；并引发了从权力形式到艺术手段几乎一切的全面质疑。新大陆的发现为欧洲注入了空前的活力，带来了经济的繁荣，刺激了思想，改变了社会。人们的视野从此越过海洋，渐渐打开，而海洋则成为联系各大陆的桥梁。经过这样一个活跃的进程，一个更复杂的世界轮廓正在被勾勒出来；今后，世界的不同角落即使相隔遥远，它们的命运也会彼此密切相连。

插图（第8—9页）　　特奥蒂瓦坎古城（公元前2世纪到公元7世纪）和太阳金字塔。

插图（左侧）　　　版画，《莫克特祖玛二世接受阿兹特克王子的大咬鹃羽毛王冠》，摘自迭戈·杜兰（1537—1588）《新西班牙统治下的印度群岛史》一书，原画现藏于马德里国家图书馆。

《哥伦布到达瓜纳哈尼》

1493年,为佛罗伦萨一家出版物制作的木版画。这幅作品描绘了克里斯托弗·哥伦布在天主教国王斐迪南的注视下到达美洲的情景。

插图(右侧) 15世纪时的阿拉伯星盘(现藏于马德里航海博物馆)。

大洋之间的通达

15 世纪时，地球上人口最密集的区域之间开始有了交往。从此，印度洋成为世界贸易往来最重要的通道，而中国确立了在航海运输和海上贸易中的至高地位。对欧洲人和阿拉伯人来说，地中海变得太过狭小。因此，西班牙人和葡萄牙人从大西洋出发：前者向西而去，后者向东而去，开始探险，最终完成了探索世界的壮举，扩大了他们对世界的认知。

15 世纪初的一切迹象表明中国的航海家行将征服四海，建立起第一个海上帝国。而且他们应该已经拥有了抵达美洲的能力。1402 年，明成祖朱棣登基（年号永乐），下令钦差正史总兵郑和率领船队多次穿越印度洋远航。郑和不仅是一位航海家、探险家，也是一位外交家，他在 1405 年到 1433 年间曾 7 次下西洋：最初的几次航行到达了暹罗（今泰国）、马来西亚、爪哇、苏门答腊和锡兰（今斯里兰卡）；之后，他又率领船队深入霍尔木兹海峡、波斯湾和阿拉伯半岛海域，与多个阿拉伯族群建立了联系。1421年，郑和驶过了非洲东海岸的大部分地区，到达了莫桑比克海峡，接着又沿着非洲海岸向南航行，总航程大约20330公里。郑和的船队大约包括80艘宝船（9桅宝船重达3000吨）、超过225艘辅船以及28000多名船员。相比之下，克里斯托弗·哥伦布率领3艘帆船进行的海上探险就如同一次近海出行。

郑和下西洋的舰队彰显了中国无可置疑的海洋帝国实力，令其所接触到的各地民众叹为观止，并激发了他们了解中国的欲望。明代通事（翻译官）也是郑和下西洋的记录者（著有《瀛涯胜览》记录郑和下西洋的史实）马欢曾经说过一句名言："普天下何若是之不同耶！"可见，中国在15世纪时本可以毫不困难地到达欧洲海岸。但是，为什么这个实力雄厚的亚洲海上强国放弃称霸海洋呢？朱棣和郑和锐意探知域外，积极探索海外贸易路线，但是到朱棣的长子朱高炽在1424年即位（年号洪熙）后，这一切就被遗忘了。当时手握朝廷大权的儒家要员更关心的是如何巩固遭到蒙古人扩张侵袭的边疆的统治，因而葬送了郑和的海上之梦。尽管那时中国依然是最重要的海上力量，也是贸易领域最为活跃的国家，当政者却失去了海外拓展的意图。另外，除了邻国印度和自己的疆土之外，外面的世界都不能引起中国的关注，包括郑和探索过的海外地区的任何物产，中国没有兴趣，也不缺少。

欧洲和地中海

中国人放弃了海上控制权的追逐，确实让人惊讶；而为了进行贸易、控制土地和人口，大西洋沿岸的欧洲人却长期展开海上探险，这就更令人惊讶了。当然，在旁观者看来，最令人惊讶的莫过于最具海上探险野心，并且实现了伊比利亚半岛最大领土扩张的，竟然是那些此前从未走出过梅塞塔高原的卡斯蒂利亚人。

在此之前，欧洲只有古斯堪的纳维亚水手曾踏上过冒险之旅。983年，他们在纽芬兰岛北角上（他们称作"文兰岛"）的梅多斯小水湾建立了几个渔场，展现出他们穿越大西洋的能力。不过，这个发现实属偶然。这些维京人并没想要殖民这片土地。他们只在那里待了不久就一去不回了。他们既没有这样的意图，也缺乏经济实力，更没有必要的政治体制和技术支撑来完成海外扩张。这与15世纪时的西班牙和葡萄牙不同。

威尼斯人马可·波罗远行（1271—1275）来到东方，此行具有历史性的影响。他的所见所闻，与东方的贸易接触，让整个欧洲认识到在遥远的东方遍地香料——比如印度、中国和日本——那里有无数岛屿，岛上盛产各种令人垂涎的调味料。当时的陆路贸易路途遥远，而且成本高，获益低。探索一条从西方到东方的海上通道，成为欧洲人的迫切需要。

欧洲人的目光开始从地中海转向了大西洋。热那亚和马略卡岛商人最早以贸易为目的尝试穿越直布罗陀海峡。有些人决定朝欧洲北部航行，试图寻找商品和新的市场。还有一些人更大胆地选择向南航行，到达非洲海岸的加那利群岛和马德拉岛。1291年，热那亚兄弟乌戈利诺（Ugolino）和瓦迪诺·维瓦尔迪（Vadino Vivaldi）首先进行了冒险之旅。他们尝试从大西洋前往印度，但没有成功。14世纪初，另一个热那亚人朗斯洛·马卢瓦塞尔（Lancelot Maloisel）在寻找东印度群岛途中到了加那利群岛。这次航行引起人们对这个群岛的关注，自此，这个群岛出现在地图上，之后有人多次前往

历史上几次重大的跨洋探险活动

983

维京人探险 斯堪的纳维亚人从冰岛出发到达了格陵兰岛西南边，在纽芬兰岛建立了几个渔场。

1492—1504

哥伦布探险 克里斯托弗·哥伦布在美洲进行了4次探险。前两次，他探查了加勒比海；第三次和第四次，他考察了美洲中部海岸。

1496—1542

开辟北部航线 让·卡伯特（Jean Cabot）（1496）、加斯帕（Gaspar）和米格尔·科尔特·雷阿尔兄弟（Miguel Corte Real）（1498—1502）、让·德·韦拉扎恩（Jean de Verrazane）（1524）和雅克·卡蒂亚（Jacques Cartier）开辟了北部航线，探索了纽芬兰岛海岸、拉布拉多半岛、圣劳伦斯河、圣劳伦斯湾和曼哈顿岛。

1499—1503

安达卢西亚人的探险 阿伦索·德·奥赫达（Alonso de Hojeda）（1499）、佩德罗·阿隆索·尼尼奥（Pedro Alonso Niño）（1499）、比森特·亚涅斯·平松（Vicente Yáñez Pinzón）（1499）、迭戈·德·莱佩（Diego de Lepe）（1500）、路易斯·格拉（Luis Guerra）和阿隆索·贝莱斯·德·门多萨（Alonso Vélez de Mendoza）（1500）、胡安·德·拉科萨（Juan de la Cosa）和罗德里戈·德·巴斯蒂达斯（Rodrigo de Bastidas）（1500）探查了美洲大西洋沿岸，从巴拿马到巴西的伯南布克。

维京人在纽芬兰：美洲的发现

10 世纪时，维京人是最先踏上美洲海岸的欧洲人。当时应该是在莱夫·埃里克松（Leif Eriksson）的带领之下，维京人发现了美洲。冰岛首都雷克雅未克市中心的山丘屹立着一尊埃里克松站立船头的雕像。

维京人是勇敢的水手，他们熟知大海，精通航海，很容易就从格棱兰岛到达了拉布拉多海岸。他们驾驶的船（称作龙头船、长船或克诺尔船）长20米到25米，挂有方形风帆，配25对到30对木桨，船速达10节[1]，速度高于快帆船。

插图 梅多斯小水湾，维京人在纽芬兰的一个定居点的复原。

探险。

马略卡岛上发放的加那利群岛探险许可证的记载最早可以追溯到 1342 年。1346 年，马略卡航海家豪梅·费雷（Jaume Ferre）在沿着非洲海岸寻找通往印度通道的过程中在几内亚湾失踪。从1231年再次征服马略卡岛起，这里就成为大西洋上重要的探险中转站和贸易中心。

长期以来倚重海上贸易的马略卡岛，在 13 世纪时成为地图绘制和航海科技发展的重镇。从 13 世纪末起，历经整个 14 世纪，巴利阿里群岛上的商人，

---

[1] 1 节的速度为每小时 1852 千米。——译者注

包括船商在内，都跟加那利群岛和北非各港口之间往来频繁。马略卡岛的地图绘制者享誉欧洲。柯克船和克拉克帆船被准许与北非的阿拉伯人进行贸易。从1360年起，马略卡岛的修道士开始前往大加那利群岛进行福音传道。另外，在13世纪末和14世纪的大部分时间里，载着加泰罗尼亚和卡斯蒂利亚产品的巴利阿里船队不断驶向欧洲北部。在13世纪最后的几十年中，尽管马略卡向大西洋南部以贸易为目的的航线探索减少，但通往大西洋南部的航线不断开通，其中大部分路线成为地图绘制行业努力的目标；然而这些线路终将被卡斯蒂利亚人和葡萄牙人利用。

维京龙头船

在挪威西福尔发现的奥塞贝格墓葬船，长22米，桅杆高10米，风帆90平方米，速度可达10节（现藏于奥斯陆维京船博物馆）。

■ 大洋之间的通达

征服加那利群岛

  1345 年左右，卡斯蒂利亚国王阿方斯十一世以先辈们在西哥特时代获得的"征服非洲列国"的特权为名，向罗马教廷主张对加那利群岛的统治权。然而，事实表明，阿拉贡人和卢西塔尼亚人在 1360 年到 1380 年间才第一次尝试征服这些岛屿。15 世纪末，塞维利亚全副武装的船只驶向加那利群岛，并从岛上掳走了一些奴隶。塞维利亚和巴斯克水手参加了这次远征，并取得了成功。这次远征的成功对于卡斯蒂利亚王国占有这些岛屿起了推动作用。因此，在整个 15 世纪，直到 1495 年完全征服加那利群岛，卡斯蒂利亚王国和葡萄牙王国为争夺该群岛的统治权展开了激烈的角逐，事实证明这个群岛对于未来大西洋航线的发展至关重要。

  这是名为让·德·贝当古的诺曼底探险家，当时的记载都把他描述成一个残酷而又自命不凡的人，可能患有麻风病。挥霍了部分财产之后，他幸运地获得了占领和殖民加那利群岛的机会。这是由于让·德·贝当古的叔叔罗贝尔·德·布拉克蒙时任法国驻卡斯蒂利亚王国大使，从亨利三世国王手里通过特许权让与获得了这一机会。贝当古与诺曼底探险家、军人加迪菲·德·萨勒（Gadifer de la Salle）联手，后者提供必要的人员、船只和资金，一起出征。1402 年 5 月 1 日，远征队从拉罗谢尔出发，在加利西亚和韦尔瓦得到补给后，到达兰萨罗特岛。途中，他们镇压了一次兵变，只剩下 30 多人追随他们，然而远征队最终征服了该岛。

  加那利群岛因此成了卡斯蒂利亚王国的属地。1403 年 12 月，亨利三世任命贝当古为加那利群岛总督。一个月后，贝当古派船带着大量的法国移民前往各个岛屿，他把移民分散在兰萨罗特岛、埃尔希耶罗岛和富埃特文图拉岛，并试图征服大加那利群岛和拉帕尔玛岛，但却未果。在将土地分配给移民和原住民之后，他就离岛而去，再也没有回来。1418 年，他最终把在加那利群岛的权利转卖给了尼亚布拉伯爵，此后，西班牙在加那利群岛的权利都由尼亚布拉和拉斯·卡萨斯家族确保。他们派出了一些安达卢西亚水手和移民来到岛上，以遏制葡萄牙的扩张，压制原住民关契斯人的敌对行为。尽管加那利群岛是卡斯蒂利亚的属地，但葡萄牙航海者才是这片非洲群岛的真正掌控者。

加那利群岛之于卡斯蒂利亚王国：
让·德·贝当古征服群岛

当国王亨利三世授予法国探险家让·德·贝当古征服权时，他并不知道自己为卡斯蒂利亚今后发现未知的美洲大陆、进行海外扩张创造了最有利的条件。当时，人们认为加那利群岛只是对非洲航线很重要。

尽管贝当古很快就放弃了征服加那利群岛的计划，没有把该计划进行到底，但他实现了卡斯蒂利亚王国在一些岛屿上的实际统辖权，并在天主教双王期间实现了对该群岛的完全统治。尽管有原住民的抵抗和葡萄牙人的压力，许多岛屿还是成功安置了安达卢西亚和卡斯蒂利亚移民。从哥伦布第二次航行起，在哥伦布基本确定了通往美洲的往返航线时，加那利群岛就显示出其作为殖民船只出发点、庇护所和中途站的战略潜力。在信风的作用下，航行可以缩短海上行程，该群岛成为加勒比海航线上的必经中途停靠港。这一独特优势促进了岛上新城市和港口的建立，促进了贸易的发展，尤其是农产品贸易的发展。

插图 让·德·贝当古（版画），作者：（法）巴尔塔扎·蒙科尔内作（Balthasar Moncornet）。

在 1415 年至 1435 年，葡萄牙人找到了航行中避免复杂信风的方式，多次远征到达博哈多尔角（阿尤恩南部，即今西撒哈拉）。他们最大的成功之处是发现了返回里斯本的路线，在这条路线上，亚速尔群岛及其天然港口对于穿越大西洋而言同加那利群岛一样具有决定性的意义。这个阶段的葡萄牙探险活动，是在绰号"航海家"的唐·亨利王子及其萨格雷斯航海学校的推动下完成的，不过这个说法有点夸大其词。尽管有此绰号，但事实上他只参加了几次探险航行。亨利王子倒是资助了多次非洲海岸的探险，然而好几次探险活动并没有达到预期目标，这让迫切想要征服加那利群岛的亨利王子感到失望。除了满足对于骑士精神

大洋之间的通达

的追求，以及试图在后世留名之外，亨利从不掩饰对于奴隶贸易和发现非洲金矿及路线的强烈兴趣。因此他支持了多次探险活动，但是这些带给他更多的是历史上的认可，而非物质上的利益。比如1434年安全穿越博哈多尔角，以及1444年发现佛得角群岛。在寻找黄金和奴隶的过程中，亨利雇用了热那亚水手安东尼奥托·乌索·迪马尔（Antoniotto Uso di Mare），直到1455年，他一直航行到塞内加尔河和冈比亚河的河口，与马里沿岸的小村庄建立联系，并详细绘制了佛得角群岛所有岛屿的地图。

在非洲的第一个殖民地

唐·亨利去世后，葡萄牙放慢了探险活动的脚步，尤其是在卡斯蒂利亚王国和葡萄牙王国签订了《阿尔卡索瓦条约》（1479）之后。这个条约划定了伊比利亚民族未来探险活动的范围：卡斯蒂利亚人不能开辟向东的路线，从而将其活动范围定位在大西洋西部；相反，葡萄牙人只能向东派出他们最优秀的水手和最伟大的探险家，以到达香料群岛。

卡斯蒂利亚王国把精力集中在加那利群岛，这些岛屿的最终统治权又回到了伊萨伯拉王后的手中。由于葡萄牙人已经登上过其中一些岛屿，出于担心，女王决定征服还没有臣服的大加那利群岛、特内里费岛和拉帕尔玛岛。该计划的发起者是（加的斯）桑卢卡尔贵族阿隆索·路易斯·费尔南德斯·德·卢戈（Alonso Luis Fernández de Lugo）。1482年，他率领军队出征，赶走了葡萄牙人，但是由于岛上原住民的反抗，多年后才完全征服这些岛屿。拉帕尔玛岛于1492年被攻占，在经历了关西人的顽强抵抗后，特内里费岛最终于1495年沦陷。费尔南德斯·德·卢戈被任命为加那利群岛的终身总督。

占领加那利群岛是发现和殖民美洲的必要条件，因为它是通往印度航线上的天然中转站和完美庇护所。加那利群岛地处推动船只向西行驶的信风流中，是航线中必不可少的基地。岛上的经济开发（甘蔗、染料和奴隶）收益很好，以至于受益于这片殖民地的企业主和海员都支持哥伦布的探险。

直到1481年若昂二世即位，葡萄牙才迎来了大西洋航行殖民探险的活跃期。

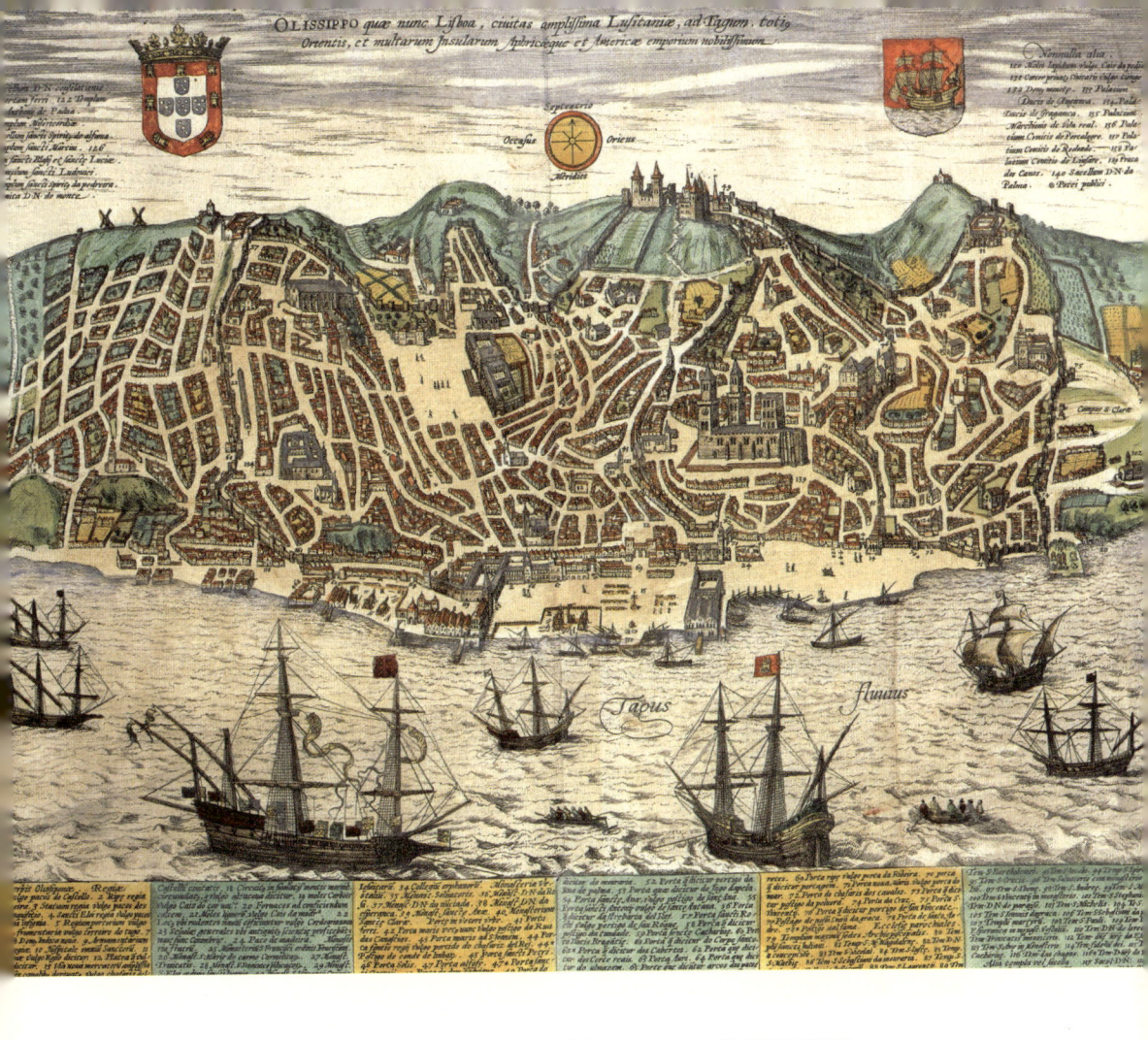

若昂二世善于筹划，急于对外扩张。他鼓励在几内亚湾战略要地建军事要塞。其中最重要的圣乔治·达米那要塞位于沃尔特河口，控制了黄金海岸（加纳）和奴隶海岸（今尼日利亚、贝宁和多哥）之间的矿产和黄金贸易。新国王的殖民信念随着"矿产之家"的建立更坚定了。此举的目的是控制与非洲的所有贸易往来，"矿产之家"几乎成了里斯本王宫的附属建筑。

在1481年到1485年，迭戈·卡姆（Diego Cam）进行了几次不同的探险活动，到达了刚果，甚至接近了南回归线。1487年夏，巴尔托洛梅

16世纪的里斯本

这座位于特茹河湾的城市，在地理大发现时成了所有探险活动的出发点，也是巴西黄金的目的地，这座城市也因此变得繁荣。16世纪是这座城市的黄金时代，这里的港口是欧洲较重要的港口之一。

插图 版画，《世界城市风貌图》之《里斯本》。作者：格奥尔格·布劳恩（Georg Braun）(1541—1622) 和弗兰斯·霍根贝格（Frans Hogenberg）（现藏于马德里皇家图书馆）。

乌·迪亚士（Bartolomeu Dias）循着卡姆开辟的航线，沿着非洲海岸航行直到南纬27°。从这里，他利用信风出海了，又在西风助力下驶过了好望角，因而开通了通往印度的航线。然而，在返回时，他遭遇了海角洋流带来的极端困境。他甚至将这个海角命名为"暴风角"，但葡萄牙皇家在宣传中却将其改名为"好望角"。

迪亚士艰难的航行故事在近十年内令人不敢再次尝试沿着非洲海岸绕过非洲去往印度洋的路线，但葡萄牙王室通过陆路探险的方式继续推进其计划。最后，1495年若昂二世去世，使所有探险活动陷入停顿。此时，无能为力又心灰意冷的葡萄牙王室只能对哥伦布前两次航行的成功望洋兴叹。

为什么是伊比利亚半岛人？

为什么伊比利亚半岛人成为16世纪海外扩张的先锋和海上帝国的缔造者？人们对这一问题的答案一直争议不断。答案各有不同，但可以肯定的是，这些原因之间都相互关联。在15世纪时，最初的卡斯蒂利亚海上计划意图寻找新的资源，后来又有了各种使卡斯蒂利亚在海外扩张中处于有利地位的综合因素。葡萄牙的西部辐射计划似乎更可以理解，葡萄牙的海岸线漫长，内陆面积小；而且长久以来葡萄牙都受制于东部的敌人。伊比利亚半岛两国的紧张关系也促使两国竞相进行海外探险：一国的成功激励着另一国的行动。这种竞争激发了探索外部世界的好奇心，同时带来了焦虑，也增强了活力。

半岛上的社会发展受限，再加上埃斯特雷马杜拉或卡斯蒂利亚等地区还有一定的人口压力，因而他们纷纷把视线转向海洋。另外，在整个漫长的中世纪，西班牙人和葡萄牙人纷争不断，一直致力于领土收复，几个世纪以来积蓄的力量一经爆发，最终带领他们远远走出直布罗陀海峡。当他们来到非洲北部时，发现这里的社会富足有序，很难征服，但贸易之路却很畅通。

正如历史学家约翰·哈克斯塔布·艾略特（John Huxtable Elliott）所言，在一次次的收复过程中，伊比利亚半岛人学会了把财富看作可以被带走和可以从敌人手中抢夺的东西。同样，他们把土地视为财富，把外国人视为仆从或奴隶。在卡斯蒂利亚人的观念里，统治在于实实在在地抢夺并占有土地。这就是为什么面对葡萄牙的扩张，或者之后面对英国、荷兰的扩张，卡斯蒂利亚人都选择在征服的领土上建立城市实行统治和控制。除此之外，还有其他因素：像巴利阿里群岛这样辐射周边的贸易和海运中心，像阿拉贡王国在地中海沿岸的城市和安达卢西亚、葡萄牙或者北部卡斯蒂利亚的港口，都有着悠久的贸易传统。由于热那亚和威尼斯的经济贡献而变得更强大的贸易公司，也吸收了马格里布阿拉伯人的商业精神。利益的交融让商人、金融家和士兵在大西洋计划中团结合作起来。在骑士理想的影响下产生的冒险精神，征服新领地并让异教徒皈依基督教的使命感——从 10 世纪以来激励了伊比利亚人几个世纪的动力——最后再加上得天独厚的地理优势（延伸在大西洋上），这些因素都无一例外地与探索未知世界的冲动密切相关。在地理大发现的前夜，充满了变革渴求的欧洲社会，在焦虑，在审视，渴望扩张，但其东面还受到先进的土耳其的压制。古老的欧洲大陆处在动荡之中。从广义上来讲，欧洲还没有定型，欧洲人开始以即将在文艺复兴中全面绽放的思想为参照进行自我审视。除了这些因素之外，还有伊比利亚半岛的特殊背景：加那利群岛的占领增强了地理优势；无与伦比的人力和经济资源（卡斯蒂利亚）以及优良的港口群（加的斯—塞维利亚）；埃斯特雷马杜拉和卡斯蒂利亚人惯于迁移的特点；强大的海上传统；收复失地运动结束激发了经济、精神和地理上的开疆扩土；强大的君主国

象牙盐盅

大约 1550 年前的雕刻作品，发现于贝宁城（原尼日利亚埃多），作品展现了一艘大船和一位葡萄牙贵族，反映了在 14 世纪到 15 世纪葡萄牙人在非洲大西洋沿岸定居的情形（现藏于伦敦大英博物馆）。

天主教双王和孩子们（第 24 页）

伊萨伯拉和斐迪南在他们的两个孩子胡安王子和伊萨伯拉公主的身边。这幅描绘了天主教双王敬拜圣母的木板油画作品，创作于 1491 年到 1493 年。这期间正是他们和葡萄牙王国争夺海上霸权的时期（现藏于马德里普拉多博物馆）。

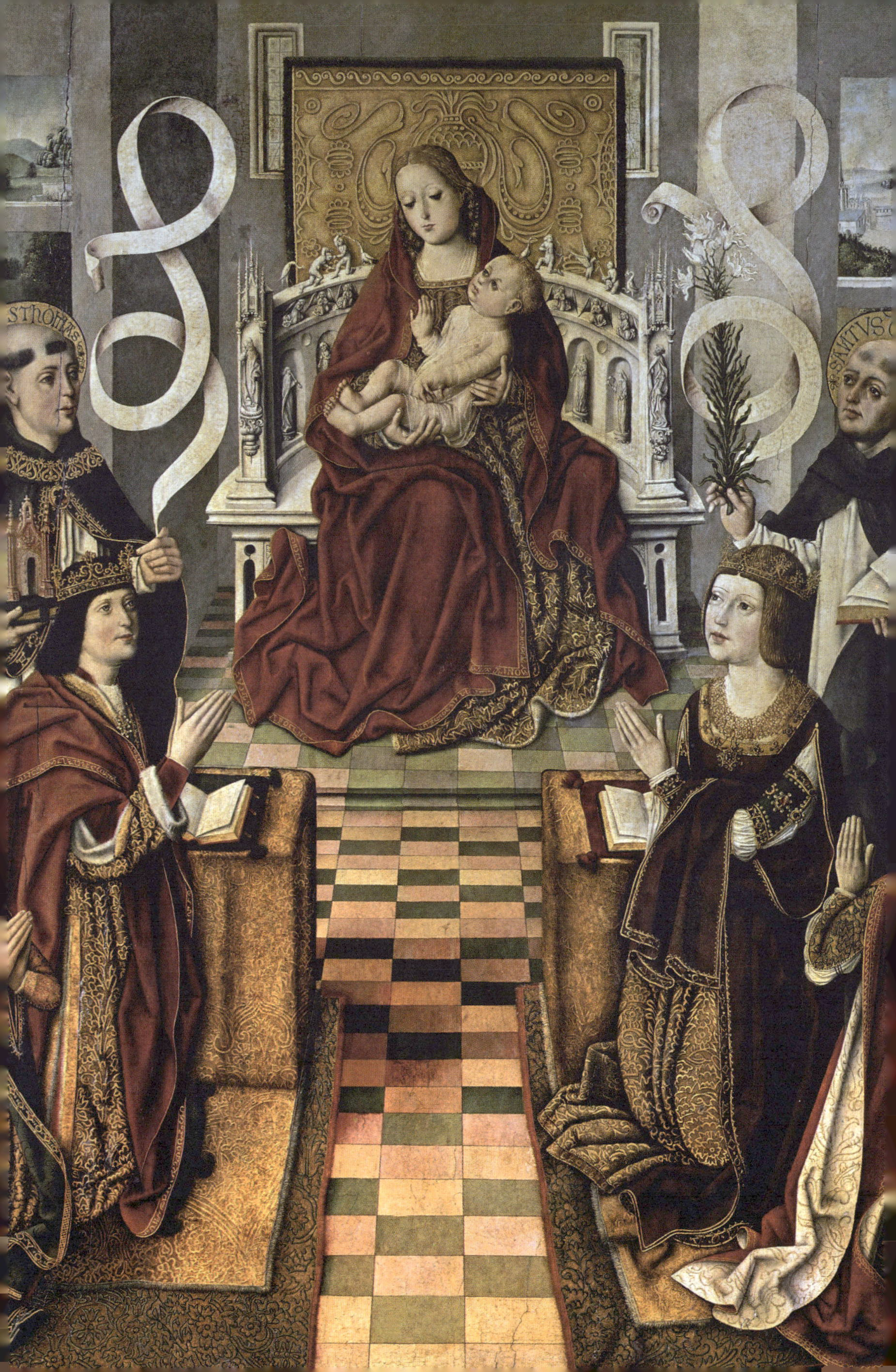

作为后盾，由于多次战胜具有强大经济和军事实力的国家而振奋，拥有重要的财政和军事资源，具有现代国家意识，也就是说能够凝聚举国之力，实施代表国家意志、带着神的意志的计划。

历史学家费利佩·费尔南德斯-阿梅斯托（Felipe Fernández-Armesto）认为，所有这一切都发生在"有利的风向下"。东方人的船队比欧洲人先进得多，而且他们拥有更大的船只，更好的驾驶技术，更安全，更快速，但是为什么东方航海者没有开辟欧洲和美洲之间的航线？答案是逆风。逆风使印度洋出海向南和向西航行都变得困难。由于太平洋上风向固定，向西而行始终是逆风航行。而大西洋受信风控制，一年中的风向比较有规律可循：从非洲西北角来的风向西吹，在赤道上空直到加勒比海画出一条弧线。在大西洋的南部半球，也是一种有规律的重复。从非洲南部来的风向着巴西海岸吹。从加勒比海返航时，暖流和北大西洋的风会助推船只驶向欧洲。如果没有这样有利的风向，欧洲的航海家很难到达新大陆。

航海家哥伦布

哥伦布，1451年出生在热那亚附近的一个地方，哥伦布的命运很早就与大海联系在了一起。他曾服务于勒内·德·安茹（René d'Anjou）一世的私掠船，在地中海上从事糖类贸易，刚刚20岁的时候就开始在大西洋海域探险。1476年，他和家人在里斯本定居。他航行到过英国，可能也到过冰岛沿岸。1479年，他娶了名为菲利帕·莫尼兹·佩雷斯特雷洛（Filipa Moniz Perestrelo）的女子。她的父亲曾是圣港的执行官，是一位航海专家和宇宙志研究业余爱好者。哥伦布因此从岳母那里得到了已故岳父的所有地图和资料。他曾在马德拉岛生活过几年，在那里开始酝酿向西航行到达印度的计划。在葡萄牙，他认识了一些水手。他们讲述过一些让人难以置信的航海经历，比如，在航行中遇到大风暴让船只远离了非洲大陆，把他们推向天堂般的地界。在马德拉岛，他听说地中海上的西风能把树木和非洲人的尸体卷到海滩上去。

向西到达中国的计划成熟时，哥伦布到葡萄牙王宫去陈述他的想法。但是，鉴

■ 大洋之间的通达

卡斯蒂利亚人和葡萄牙人瓜分世界

1494年，《托德西利亚斯条约》签订，西班牙和卡斯蒂利亚对几十年来他们推测可能会发现的新领地进行了划分。那时候还没有人知道这一划分的目标所指。

1493年，教皇亚历山大六世颁布教皇子午线谕旨，即以亚速尔群岛和佛得角群岛以外100古里（法国）的地方为分界线，在子午线以西被发现的土地归属卡斯蒂利亚王国。葡萄牙的若昂二世不接受这一谕旨，控诉西班牙违反了《托德西利亚斯条约》。1481年，罗马教廷批准了该条约，教廷宣布不遵守这一条约的人，将被革除教籍。在此条约中，西班牙双王承诺不向亚速尔群岛以西派出船只。因此若昂二世主动提出新的加那利群岛分割线：北部群岛归卡斯蒂利亚，南部归葡萄牙。两国的代理人和专家的争论持续了一年多，直到1494年6月7日，两个王国签订了新的《托德西利亚斯条约》。此条约确立了新的分界线，即以佛得角群岛以西370古里为分界线，葡萄牙因此比教皇子午线规定的范围多争得了270古里。但对已被西班牙占领的陆地和岛屿，西班牙依然享有所有权。新的分界线让葡萄牙得到了美洲的一些土地，也让阿尔瓦雷斯·卡布拉尔（Álvares Cabral）之后（1500）发现巴西成为可能。卡斯蒂利亚得到了地中海东巴贝利海岸的贸易垄断权，奠定了西班牙在北非的基础（1497年夺取梅利利亚），并获得了在太平洋地区征服土地的权力，以至于后来有权力征服菲律宾及其临近岛屿。第一张标出教皇子午线的地图被称为《坎迪努平面地球图》，出版于1502年（现藏于摩德纳埃斯腾斯图书馆）。

哥伦布的 4 次航行

1492—1493
加勒比海 哥伦布穿越大西洋，到达瓜纳哈尼岛，将其命名为圣萨尔瓦多岛，并考察了加勒比海的一些岛屿。

1493—1496
小安的列斯群岛 开辟出通往美洲的确切路线；再往南，发现了小安的列斯群岛。

1498—1500
南美大陆沿岸 哥伦布第一次踏上南美的土地，考察了今委内瑞拉沿岸。

1502—1504
西加勒比海 哥伦布沿着今天的巴拿马和尼加拉瓜海岸航行寻找通往中国的海上通道。

于《阿尔卡索瓦条约》的规定，卢西塔尼亚人已决定向东探索前往印度的航线；另外，葡萄牙王室认为哥伦布的计划太过冒险。在被葡萄牙拒绝之后，哥伦布就赶去卡斯蒂利亚，1486 年他向天主教双王论述了他的计划。这一计划虽然引起了专家委员会的兴趣，但还是以一些推测和一些错误或不可验证的数据为由，拒绝了他。

哥伦布的传记作者们因此做出了种种推测。哥伦布何来如此自信？有些人认为他认识一位船长，这位船长告诉了他在到达亚洲前见到了一些岛屿，并给他提供了有价值的信息。阿根廷历史学家恩里克·德·甘迪亚（Enrique de Gandía）甚至断定

克里斯托弗·哥伦布
（1451—1506）

（西）印度群岛编年史学家安东尼奥·德·赫雷拉（Antonio de Herrera）这样描述哥伦布："（他）身材高大……长脸型，气色好，鹰钩鼻，一双蓝眼睛，皮肤白而发红……年轻时胡子和头发都是红棕色的。但是常年的海上探险……很快使他的胡子和头发都变白了。"16 世纪时的肖像画（佚名）（现藏于马德里美洲博物馆）。

快帆船，（航）船
与航行艺术的结合

葡萄牙人驾驶快帆船去远征；西班牙人则驾着快帆船横渡大洋。快帆船用途多，重量轻（4支桨就足以操纵它），速度快，是探险航行的理想船舶。快帆船还有吃水浅的特点，较浅的沿岸水域也可以驶入。最初，三桅杆安装了方形帆，但是三角帆可以更好地利用大西洋上的信风，所以也可以使用三角帆。因此前桅移向船首，并增加了第四根桅杆——艏斜桅，这样可以使前桅更加稳固。经过这些改造，快帆船船身更宽，容量也更大。船首有一个平台，顶帆升到艏斜桅上，可以使快帆船速度更快。更高的船尾，可以配置两层或三层甲板和一个艉楼。虽然这种船（哥伦布的"圣马利亚"号）不易操纵，但给人的感觉更安全，载重量也更大。

哥伦布的快帆船 哥伦布的船舰（仿制船）停泊在帕洛斯港。

插图（右侧） 木刻画，哥伦布给天主教双王的拉丁文版报告（巴塞尔，1494年）。

航海仪器

15世纪和16世纪时的水手根据太阳和星星来辨别方向。海洋之星，即北极星，对赤道以北的航行至关重要，是所有计算的基础。领航员使用各种仪器，如星盘、象限仪；随着航海图和波特兰型海图绘制的不断进步（绘出了已发现的航线和海岸线），这些仪器也越来越完善。

夜间时刻测定仪 这个仪器用于根据夜晚天空中某一特定星星的位置来确定时间。外盘显示一年中的各个月份，内盘显示小时（或者半小时）和（参照一个或几个星星）定位。

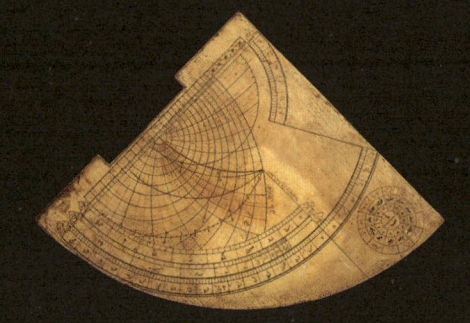

象限仪 这是航海必不可少的仪器，用来测量角度，目的是根据北极星的高度和正午太阳（在地平线上）的高度来确定纬度，根据太阳的位置计算时间。

征服（者）之船

① 主桅
② 主帆
③ 后桅帆
④ 舵
⑤ 后桅
⑥ 桅上瞭望台
⑦ 船长室
⑧ 艉楼
⑨ （桅的）侧支索
⑩ 风标

■ 大洋之间的通达

哥伦布之前的先行发现和不知其名的领航员

哥伦布这位冒险家的身上始终笼罩着神秘的色彩。他的儿子费尔南多（Fernando）撰写的哥伦布传记引发了许多猜想，因此又衍生出从他的身世到他在地中海做船员冒险经历的种种虚构。对于他的出身也众说纷纭，有人说他是加利西亚人，有人说他是加泰罗尼亚人，甚至有人说他是安达卢西亚人、希腊人抑或是冰岛人，等等。

哥伦布曾穿越过整个已知的大西洋海域，从冰岛到几内亚湾，在这些航行中所了解到的一切让他得出结论：大西洋上一定有一条航线可以从欧洲到达亚洲，更重要的是两个大洲之间存在岛屿。历史学家胡安·曼萨诺（Juan Manzano）指出，哥伦布不断地向葡萄牙和卡斯蒂利亚王室的智囊及地图测绘者推介他的计划，他表现出的自信是基于一位领航员"对美洲的预先发现"。哥伦布认识这个领航员，他还向哥伦布提供了信息，并使他相信大西洋的另一边确有岛屿和陆地。这位领航员和哥伦布一样，并不知道这些岛屿是一个未知大陆的一部分，但是他们知道向西航行会通向陆地。秘鲁历史学家乌略亚（Ulloa）做出了更大胆的推测：哥伦布本人已经发现了大西洋另一边的这些岛屿，只是为了确保大发现计划得到资助，而没有透露此事。

插图 海军司令的纹章[摘自《特权集》或《热那亚法典》（1502）]。

这位不知名的船长不是别人，正是哥伦布的岳父；在岳父的故纸堆里，哥伦布得到了这些信息。西班牙历史学家胡安·曼萨诺（Juan Manzano）甚至找到了文献资料作为佐证，证实哥伦布认识一位曾经航行到过美洲海岸的人。

尽管遭到几次拒绝，哥伦布依然在西班牙寻求各种资助。哥伦布航行成功，取决于卡斯蒂亚王国已经占有了加那利群岛，这里是大西洋信风走廊的门户。但是，形势也有不利的方面：这时的卡斯蒂利亚王室和权贵们正全力以赴地攻打格拉纳达王国，扫清了最顽强的敌人，取得了最后胜利。另外，哥伦布想要做终身海军司令的要求激怒了国王。一方面，国王的母系家族恩里克斯家族才是唯一可以保有卡斯蒂利亚海军司令头衔的家族。另一方面，《阿尔卡索瓦条约》禁止天主教双王进行一切地中海以南的海上扩张；他们对葡萄牙在探险方面的成就，在印度洋上的进展，以及在非洲控制了埃塞俄比亚黄金路线都非常不满。如果哥伦布的计划能够成功，将是卡斯蒂利亚人描画海外扩张宏伟蓝图的开端。

探险协议和新发现

1492年2月2日，天主教双王攻下格拉纳达，并进入该城。收复失地的喜悦之情，卡斯蒂利亚是上帝选民之国的使命感，远征对双王投入要求的合理性，以及伊萨伯拉王后的个人嫉妒心，以上种种让王室做出了改变，哥伦布的航海计划终于启动。

4月17日，西班牙王室与哥伦布签订了《圣塔菲协议》。根据该协议，双王将拥有新发现土地的所有权，以此换取双王对哥伦布计划的经济支持。另外，伊萨伯拉和斐迪南做出了让步：授予哥伦布终身总督的职位，管理新发现的土地，同时赐予他世袭海军司令，并承诺哥伦布将获得被发现财宝的十分之一，以及运输和贸易收益的八分之一。所有历史学家一致认为：西班牙王室之所以全盘接受哥伦布的条件，是因为他们原本就没有打算满足他（事实也确实如此），否则这么大的好处简直无法解释。

1492年8月3日，哥伦布带着89名水手，乘坐两艘快帆船，即"平塔"号和"尼雅"号，以及一艘大帆船"圣马利亚"号，从帕洛斯港（韦尔瓦省）启航。他从加那利群岛中转补给并为"平塔"号换上帆缆索具，再次出发。33天之后，即10月12日凌晨两点，他发现了陆地，就是瓜纳哈尼岛，并将其命名为圣萨尔瓦多岛，这个岛的确认在历史学家中一直颇有争议。哥伦布随后穿过了巴哈马群岛、古巴岛和伊斯帕尼奥拉岛（今海地岛）。"圣马利亚"号开向今海地岛沿岸时失事，哥伦布和这艘船上的幸存者在岛上建立了西班牙在新大陆的第一个定居点：纳维达，并在这里留下40人的驻军和一年的食物。

返回西班牙途中，在多次遭遇极端天气之后，他们在亚速尔群岛避险，然后在里斯本登陆，最后于1493年3月15日返回帕洛斯港。

> 大洋之间的通达

除了远征船员的疲惫和归来的喜悦之外，船队只带回了少量的黄金和珍珠，几只异国的鸟和7个印第安人……毫无香料的踪影。

在1493年至1496年的第二次航行中，哥伦布选择了一条更南的路线，因此发现了小安的列斯群岛。他还在伊斯帕尼奥拉岛建了第一批定居点，并深入考察了古巴和牙买加。

第三次航行发生在1498年到1500年间，海军司令通过更南的路线到达了今委内瑞拉沿岸。然而，在弗朗西斯科·罗尔丹（Francisco Roldán）的带领下，留在伊斯帕尼奥拉岛的殖民者发起了叛乱。为平息叛乱，双王任命弗朗西斯科·德·博瓦迪利亚（Francisco de Bobadilla）为该岛总督，派他到岛上恢复秩序。他控诉哥伦布和他的弟弟迭戈不遵守西班牙法律，给他们带上锁链并押回了西班牙。

尽管并没有将没收的财物归还哥伦布，也没有恢复他对伊斯帕尼奥拉岛的控制权，他的主要资助人伊萨伯拉王后还是与哥伦布达成了新的协议，让他进行了第四次航行，也就是最后一次探险航行（1502—1504）。

卡伯特和北部航线

哥伦布的发现，尤其是第三次航行，促使其他国家也派出了船舰寻找像印度群岛这样传说中的富饶之地，并希望从中获利。

英国城市布里斯托尔商业繁盛，这里的商人此前一直在大西洋沿岸为他们的产品寻找出路。因此，1496年，在哥伦布成功航行的激励下，威尼斯航海者约翰·卡伯特（Jean Cabot）向布里斯托尔商人和英国王室寻求帮助，希望装备船舰从北方穿越大西洋。国王亨利七世给予了支持，并向他签发了探险许可证，令其从布里斯托尔启航。卡伯特到达了纽芬兰，却误以为到达了大汗国。返回英格兰后，他便夸夸其谈海里有成群的鳕鱼，遍地都是香料和奇异的植物。他因此得到了王室、伦敦企业主和布里斯托尔商人的再次资助。这次他装备了6艘新船，开启了英国在东方的殖民事业。虽然他可能到达了拉布拉多半岛，但远征本身是一次失败：5艘船沉没，1艘船在爱尔兰搁浅。这让英国人对进一步的大西洋探险望而却步。几十年

之后，法国人也经历了类似的挫折：1524年让·德·韦拉扎恩登上了曼哈顿和纽芬兰岛；1534年到1536年雅克·卡蒂亚考察了加拿大，同时宣布它为法国领土，但直到17世纪初殖民统治才开始。

因为《托德西利亚斯条约》（1494）而获得了特权，葡萄牙人也开始尝试从北方寻找前往印度群岛的通道。在1498年到1502年间，加斯帕和米格尔·科尔特·雷阿尔兄弟沿着拉布拉多半岛海岸，或许还有纽芬兰岛海岸，寻找北方航线；但他们的努力除了具有探索价值外，并无更大意义。

天主教双王接见哥伦布

这一盛大事件发生在1493年4月的巴塞罗那。哥伦布带着7个印第安人、几只鹦鹉、几枚金币和一些美洲产品面见双王。他向双王汇报已经发现了一些岛屿，这些岛屿可以作为到达亚洲的中转站，因此有希望到达亚洲。油画，弗朗西斯科·加西亚·伊巴涅斯1858年作（现藏于马德里军事博物馆）。

葡萄牙远征和绕过非洲的环球航行

在整个 15 世纪，伊比利亚半岛的两个王国竞相寻找通往香料群岛最短和最安全的航线。航海家亨利王子，从创办萨格雷斯学校起就掀起了第一次远征浪潮，希望控制非洲的海上航线，并找到从东部前往印度的路线。

葡萄牙人从1434年起进入博哈多尔角以南水域，并于1445年到达佛得角群岛，建立葡萄牙殖民地。1460年，他们到达了几内亚湾，但亨利王子去世后，探险活动中止了。阿方斯五世将新发现的海岸开发权转让给了名为费尔南·戈梅斯（Fernão Gomes）的商人。他在1468年到1473年间对这些地方进行了勘察和开发。1482年，若昂二世派出迭戈·卡姆（Diego Cam）率领的探险队，他抵达赤道以南并发现了刚果河口。两年后，卡姆到达了今天纳米比亚北面的圣玛丽角。1487年，巴尔托洛梅乌·迪亚士（Bartolomeu Dias）绕过了好望角，但未能超过莫塞尔湾。哥伦布的航行和发现促使葡萄牙人进行新的探险以期向东到达印度。1497年，瓦斯科·达·伽马（Vasco de Gama）率领大型船队，按照迪亚士走过的路线环绕非洲大陆，进行著名的"海上归来"探险，在绕过了危险的好望角后，到达印度洋，最终到达印度。

插图 象牙面具、垂饰（来自尼日利亚的贝宁城），可追溯到16世纪中期（现藏于伦敦大英博物馆）。

瓦斯科·达·伽马：东方航线

葡萄牙国王约翰二世去世，他的堂弟曼努埃尔（Manuel）继位。葡萄牙人面对他们的对手卡斯蒂利亚人在大西洋上的成功心急如焚。1497 年，在几个佛罗伦萨商人的资助下，曼努埃尔派遣瓦斯科·达·伽马率领船队，经南部非洲探寻去印度的航线。1497 年 7 月 8 日，瓦斯科·达·伽马带领 4 艘船离开里斯本。船队沿着非洲海岸航行到塞拉利昂并靠岸。从这里起，达·伽马进入了南大西洋，他寻找巴尔托洛梅乌·迪亚士在 1487 年已遭遇过的西风，充分利用西风航行，直至毗邻好望角的圣赫勒拿海湾才到达陆地。这就是著名的"海上归来"航程——在看不到陆地的茫茫大海上航行了

1万多公里，这是当时远洋航行中前所未有的壮举。

12月16日，船队横穿英凡特河（今南非东海岸的大鱼河，巴尔托洛梅乌·迪亚士之前正是从这里返航的）进入了欧洲人的未知海域。1498年3月2日，葡萄牙船队发现了莫桑比克海岸。他们跟当地的族群建立了联系，在当地探险者和领航员的引导下进入印度洋。趁着季风，1498年5月20日，葡萄牙船队进入今印度喀拉拉邦的科泽科德港（卡利卡特港）。8月底，他们开始返航。返航之旅如同地狱之旅，大部分船员在途中死去。幸存者经历了千难万险，带着坏死病回到了葡萄牙。瓦斯科·达·伽马的伟大功绩在于完成了让人难以置信的横跨大西洋的远洋航行，利用西风把他们带到

瓦斯科·达·伽马（1469？—1524）

这幅版画是葡萄牙人佩德罗·巴雷托·德·雷森迪（Pedro Barreto de Resende）《印度史实概要》中的一幅插图（现藏于巴黎法国国家图书馆）。

在完成当时所知的最长跨洋航行之后，达·伽马又两次航行前往印度：一次在1502年；另一次，在隐退20年之后，即1524年，曼努埃尔一世任命他为葡萄牙东印度群岛第二总督，派他前往印度。

| 大洋之间的通达

好望角；而穿越印度洋的航线，已经为许多阿拉伯航海者、印度航海者和中国航海者所知。1500年，为了向东面邻国彰显葡萄牙的伟大，葡萄牙装备了一支庞大的舰队再次启航。舰队由13艘船和1200人组成，由贵族佩德罗·阿尔瓦雷斯·卡布拉尔船长率领。舰队在航行中迷了路，偶然到了巴西沿岸。他尝试返回非洲，重回南部航线到达印度洋。虽然他穿过了好望角，但这依然是一次失败的航行，这次失败使得后来几十年里葡萄牙人都没有勇气实施新的横渡计划。直到17世纪，欧洲都没有打开通往印度洋的航线。尽管如此，瓦斯科·达·伽马给了人们最初的勇气，葡萄牙人才能继续在这个海域航行。

安达卢西亚人的探险之旅

1499年至1503年，一批安达卢西亚人进行了探险航行。他们沿着哥伦布第三次航行的轨迹，考察了加勒比地区，包括墨西哥湾到奥里诺科河口之间的水域和陆地，因此完善了美洲"地中海"的地图。哥伦布第二次航行的随行水手阿伦索·德·奥赫达，获准视察哥伦布之前发现的委内瑞拉沿岸的帕里亚地区。1499年5月，在胡安·德·拉科萨和（可能是）阿梅里戈·韦斯普奇（Amerigo Vespucci）的陪同下，他考察了玛格丽塔岛、库拉索岛、巴巴多斯岛和特立尼达岛，奥里诺科河口及整个委内瑞拉沿岸，直到现在哥伦比亚的维拉角，最后到达伊斯帕尼奥拉岛。他从这里开始返航。

佩德罗·阿隆索·尼尼奥是哥伦布第一批招募的航海员之一，他曾参加过哥伦布第一次和第三次航行，后来成了塞维利亚商人克里斯托弗·格拉（Cristóbal Guerra）资助的一个小型舰队队长。1499年6月，尼尼奥登上一艘快帆船，从帕洛斯港出发，船上随从中有他的3个兄弟。他取道哥伦布第三次航行的线路，到达帕里亚岛以南的委内瑞拉海岸，并先于奥赫达几个星期发现了玛格丽塔岛。他登陆之后深入岛上，与多个部落建立了联系，进行了小规模的货物交换，却因此而获得了大量的珍珠、黄金和珍贵的木材。这些让天主教双王看得眼花缭乱，以致他被带上法庭，被指控企图占有本该属于王室的五分之一的财物。

比森特·亚涅斯·平松，哥伦布第一次航行中的"尼雅"号船长，也与天主教双王达成了一项协议，装备 4 艘快帆船开启了南半球探险之旅。比森特·亚涅斯·平松认为香料岛应该在赤道线上。但是，他在航行中多次遇到大风暴而偏离了航向，风暴将他带到了巴西。1500 年 1 月，他在圣马利亚角（又名孔索拉蒂翁角）登陆。然后，他想从这里出发向东南航行，但是逆风迫使他偏向西北方向航行，发现了亚马孙河口，并将其命名为圣马利亚杜塞河。船队深入河口湾，跟河岸上的许多当地部落有所接触。重新出海时，他们遇到了迭戈·德·莱佩的船舰；两支船队一起航行，直到他们认出奥里诺科河三角洲，并穿过委内瑞拉帕里亚湾。随后，平松和德·莱佩继续向前航行到墨西哥湾，又到达了巴哈马群岛，在这里他们损失了两艘船。1500 年 9 月，平松驾驶着满载杨苏木，还有 20 多个印第安人的船只返回西班牙，他可以通过出售这些木材收回航海成本。然而，出发时一半的船员已经在途中丧命。

与前面的航海者不同，迭戈·德·莱佩是帕洛斯人，对海洋一无所知。但这并不妨碍他在 1499 年获得火地岛的探险许可证。他的船队循着比森特·亚涅斯·平松的路线前进，最终在亚马孙河口遇到了比森特·亚涅斯·平松。迭戈·德·莱佩继续航行，过了圣奥古斯丁角以南，到达巴西。他在这里登陆，并宣布巴西是西班牙王室的领土。1500 年，他带着该地区的大量资料、地图和海图返回。但根据《托德西利亚斯条约》（1494），他的远征行动被宣布无效。他提出巴西可能是一个岛屿，它的南面可能存在一条连接沿岸和东印度群岛的通道。

最后，一些作者并不把他的探险看作安达卢西亚人航海探险中的一部分。另外，我们要提一下 1500 年 8 月

平松兄弟

上图：马丁·阿隆索（Martín Alonso）（1441？—1493），他和他的弟弟都是 1492 年哥伦布第一次航行的船员；下图：比森特·亚涅斯·平松（1463—1514），他后来在巴西和中美洲沿岸探险，并成为波多黎各总督。油画，佚名（现藏于塞维利亚黄金塔海军博物馆）。

到 1501 年 6 月贝莱斯·德·门多萨和路易斯·格拉的远征。他们到达了比森特·亚涅斯·平松和迭戈·德·莱佩认出的那片地区以南，靠近现在的巴西城市伯南布哥的托比亚地区。

巴斯蒂达斯和胡安·德·拉科萨

罗德里戈·德·巴斯蒂达斯是较早对印度群岛贸易感兴趣的企业主之一。1500 年，他跟西班牙王室达成协议，在加勒比海地区开发和建立殖民点。于是，在水手和宇宙学家胡安·德·拉科萨的帮助下，他租用了两艘船，由此开创所谓的"海运公司"，公司的探险活动由一些企业主或商人出资，同时他们享有收益权并承担可能的损失。

罗德里戈·德·巴斯蒂达斯的一次探险航行考察了委内瑞拉和哥伦比亚的大西洋沿岸，发现了马格达莱纳河、乌拉瓦湾和达连湾。在返回伊斯帕尼奥拉岛的时候，他的船只在附近海岸失事，他不得不与船员们一起徒步穿越该岛，返回圣多明各。尽管如此，他们还是保全了大量黄金、绿宝石和珍珠。不久之后，巴斯蒂达斯和胡安·德·拉科萨登上了总督奥万多（Ovando）送前任总督弗朗西斯科·得博瓦迪利亚回西班牙的船队（1502）。一场巨大的风暴击沉了大部分船只，但这两个人还是设法回到了半岛。罗德里戈·德·巴斯蒂达斯受到了天主教双王的接见，向他们呈上部分战利品和几张标示其重大发现的地图，从而重新激起了伊萨伯拉王后对美洲的兴趣；此前由于多次灾难和无功而返，有一段时间女王对此兴趣不大。此次塞维利亚人的发现重新点燃了西班牙人在海外领土上寻找财富的欲望，因此意义重大。另外，这种乐观的心态与一年前任命尼古拉斯·德·奥万多为新的印度群岛总督的决定不无关系。

尼古拉斯·德·奥万多（Nicolas De Ovando）

1501 年 9 月，埃斯特雷马杜拉显贵，阿尔坎塔拉封地骑士尼古拉斯·德·奥万多被任命为印度群岛总督。其目的在于终结哥伦布小安的列斯群岛政策导致的暴行，让哥伦布和前总督弗朗西斯科·德·博瓦迪利亚之间的对抗画上句号。双王夫妇也想通过新的任命确立他们的权威，并终止海军司令和殖民地领主的过度权

胡安·德·拉科萨绘制的世界地图

1500年胡安·德·拉科萨绘制在羊皮纸上的世界地图原稿已遗失,但幸运的是,1832年一位巴黎书商发现了一张1502年(一说1505)的摹本。摹本既没有标纬度也没有标经度,美洲并没有与欧洲以同样的比例出现在地图上,但是,这幅地图已经是那个时代新大陆的最佳呈现了。古巴以一个岛的方式出现在了地图上,许多名字出现在美洲大陆沿岸,或许是胡安·德·拉科萨在图上还原了这些地方。欧洲、地中海和非洲的轮廓惊人地准确。亚洲的轮廓还不够完美,但拉科萨表达了亚洲和美洲之间可能有海洋相隔的想法。

胡安·德·拉科萨

约1450年出生在桑坦德。靠着自己的"拉·加列加"号,又名"桑塔玛利亚"号大帆船,为美洲的发现做出了贡献。作为韦斯普奇第二次航行的首席领航员,1499年,他考察了圭亚那沿岸和亚马孙河口,并且确认古巴是一个岛。作为欧洲有名的地图绘制专家,他于1504年亲自勘察了委内瑞拉湾和巴拿马与哥伦比亚的加勒比海沿岸,并于1510年死在了此地印第安人的箭下。

① 古巴 把古巴以一个鱼钩形状的岛呈现出来,是胡安·德·拉科萨地图的一个明显的特征。伊斯帕尼奥拉岛、小安的列斯群岛和牙买加同样得以详细呈现。

② 非洲 非洲大陆的地图相对来说比较准确,包含了许多图示,呈现了当时已熟知的非洲沿海和内陆的王国和城市。

③ 东方三王 中世纪的地图绘制者会标出《圣经》传说中提到过的地方;东方三王的故事正是出自《圣经》传说。

> 大洋之间的通达

力。皇家的命令明确指出：只要哥伦布从此远离伊斯帕尼奥拉岛，就将恢复他被博瓦迪利亚剥夺的土地和头衔。奥万多将代表王室对博瓦迪利亚进行"居留审查"（官员离任时要实施的评估程序），并将用自己上任时的船只送他回国。1502年2月，奥万多带着一支空前浩大的舰队从圣卢卡出发前往印度群岛。船上除了众多移民者，还有满满的谷物和家畜。巴托尔梅·拉斯·卡萨斯修士以及其他的修士和牧师也一同随船前往，向当地人传福音。1502年的远征标志着真正开始对新世界进行有计划的殖民统治。

奥万多对有敌对情绪的领主和拒绝接受西班牙统治的印第安人采取强硬态度。尽管他已经收到命令取消领主制，强迫印第安人作为王室的庶民缴纳赋税；但很快现实情况发生了转变，1503年12月奥万多获得了"委托"管理印第安人的权力，因此他自己也变成了领主。王室希望通过建立城市和缴纳赋税，让小安的列斯群岛上正在形成的社会秩序稳定下来，或者通过向西班牙人授予印第安人和土地来换取对当地人的传教和教育权。但为了采矿，王室也引入了奴隶制，这使得当地人的处境更加艰难。

到1504年，伊斯帕尼奥拉岛已经成了政府的所在地，新世界殖民化从这里扩展出去。该岛是加勒比海地区唯一的安全港，圣多明各港的所在地，在许多年里，这里都是所有希望在美洲定居的西班牙人的必经之地。奥万多尝试把新领土治理做到最好，他的治理有序而不是任意而为；奥万多是第一个树立了王室权威的总督，他让西印度群岛趋于稳定。1509年，奥万多返回西班牙，迭戈·哥伦布继任总督。

哥伦布的最后一次航行

1502年，克里斯托弗·哥伦布进行了第四次航行，这也是他的最后一次航行。50岁的哥伦布身患关节炎，行动困难，还有严重的眼疾，但是这位海军司令依然深得伊萨伯拉王后的信赖。他从西班牙出发，固执地要去西加勒比海探险，而安达卢西亚的远航者却对这个地方不屑一顾。他确信古巴（1494年他发现了古巴，但之后再没有人去过）是中国的一个省；古巴以南的海域有一条抵达东印度群岛的通道。哥伦布坚信巴拿马地峡有跨洋海峡,希望发现通往香料群岛的通道。船队毫无困难地航行到了马提尼克岛、圣多明各岛、牙买加和古巴。之后便遇到狂猛的飓风,奥万多拒绝他们停靠圣多明各岛,船队成员大多丧命。后来,他们很艰难地到达了今天的洪都拉斯沿岸。在短暂的休整之后,船队向南开进,在尼加拉瓜沿岸水域航行。带着发现东方海岛的希望,哥伦布走遍了莫斯基托沿岸直到今巴拿马的贝拉瓜斯。关节炎的巨痛一直困扰着哥伦布,直至他也觉得寻找无望了。在圣马利亚-德贝伦,哥伦布建起了一座小村庄,他决定在那里度过1503年的圣诞节。返航之旅也是多事之途,发生叛乱接着船只搁浅(在牙买加)。尼古拉斯·德·奥万多派了一条船接哥伦布和手下回去,他们才得以活命。1504年11月,他们终于回到了安达卢西亚。此时,哥伦布的命运已定,因为他最主要的支持者伊萨伯拉王后在几个星期之后去世了:海军司令的时代结束了。接下来,天主教双王的女儿胡安娜和她的丈夫美男子腓力一世执政,致使印度问题陷入停顿,这是殖民化进程中的一段小插曲。哥伦布试图说服新的统治者恢复他以前的权力和荣誉,但徒劳无果。

疾病缠身,失望无助,加之与王室的冲突,哥伦布退居巴利阿多里德的圣方济各会修道院,并在那里写下了遗嘱。哥伦布于1506年5月20日去世,他至死依然坚信自己之前到达了亚洲,并证明了他之前所说的一切。奥万多总督则在伊斯帕尼奥拉岛坐上权力宝座,但由于缺乏王室的信任,他不得不放弃扩张计划。只有等到1507年,斐迪南国王回归卡斯蒂利亚摄政,才又一次为探险活动注入了活力。征服大安的列斯群岛——波多黎各、古巴和牙买加的时机已经到来。

大洋间的通道

西班牙和葡萄牙之间为了控制海洋、发现大西洋和太平洋之间的通道持续竞争,在不违背《托德西利亚斯条约》的情况下使两国都扩大了领土,而西班牙则到达了觊觎已久的香料群岛;这种竞争是向美洲大陆北部和南部多次探险的原动力。1506年,两名经验丰富的探险家,胡安·迪亚斯·德·索利斯(Juan Díaz de Solís)和比森特·亚涅斯·平松被委以重任:探寻穿过美洲领土通往东印度群岛的海上通道。尽管他们始终没有找到这条通道,但他们为此进行了近两年的航行,在这个过

■ 大洋之间的通达

从哥伦布到安达卢西亚人的航行

1492 年到 1500 年，西班牙人把加勒比海据为己有，成了新的"我们的海"（古罗马人对地中海的叫法），带着对所有未踏足土地的极大好奇，很快开启了有计划的拓殖。

哥伦布的四次航行为西班牙打开了美洲的大门，在不到10年的时间里，西班牙能够稳定地进行移民，从政治、经济的角度进行已发现领土的整治，与此同时进一步扩展势力范围。当时，美洲沿岸从尼加拉瓜直到亚马孙河口南面都已经标在了地图上；有许多水手猜测在欧洲和东方之间有一个大陆存在，应当优先考虑从北面、从中间或者从南面找到这条通往印度群岛的快速航道。换言之，为了新的探险，应当停止圣多明各岛、波多黎各作为殖民化的主要地区，而是要把它们变成后勤基地。对富庶土地和跨洋通道的执着探寻是诸多新发现的缘起。

贝海姆的地球仪

这是已知最古老的地球仪。地球仪直径50.7厘米，绘出了赤道、子午线、回归线和12星座，但是没有现代的经线和纬线网络。地球仪的制作者马丁·贝海姆（Martin Behaïm）是德国纽伦堡人，是商人、天文学家、航海家和宇宙学家，他的半生都效力于葡萄牙。他的世界观与克里斯托弗·哥伦布非常相近（现藏于纽伦堡博物馆）。

程中，他们绘制出了火地岛加勒比海沿岸的真实地图。

被瓦斯科·努涅斯·德·巴尔沃亚（Vasco Núñez de Balboa）称作"南海"的其实是太平洋，太平洋的发现标志着探险的重要阶段。1513年9月，巴尔沃亚带领190人穿过巴拿马地峡。9月25日，在丘库纳克河源头的山脉顶峰，他望见了太平洋。从此刻起，发现跨洋通道的优先权必然属于西班牙征服者。1516年，胡安·迪亚斯·德·索利斯带着3艘小帆船，进行了新的尝试：沿着巴西海岸航行并到达了浩大的拉普拉塔河口，并给它取名"平静的海"。想到这可能就是他要寻找的两大洋之间的通道，他又通过巴拉那河

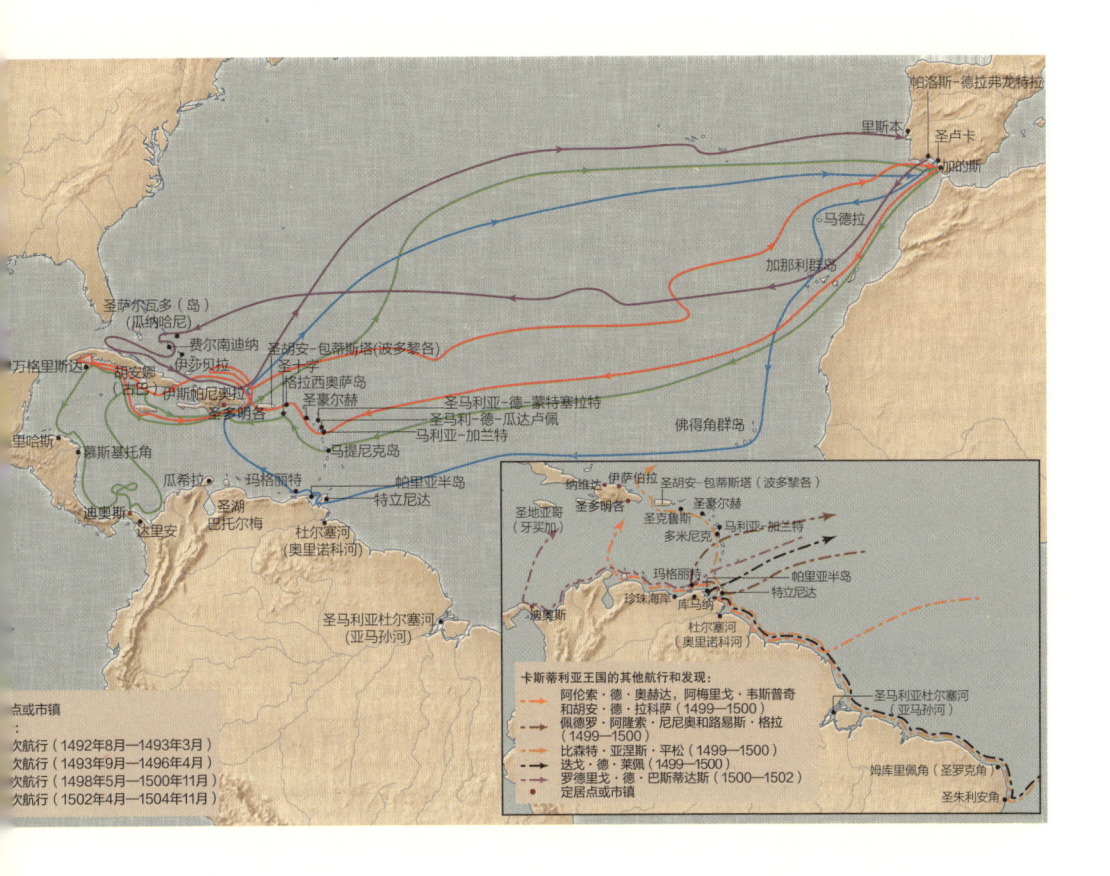

深入内陆，但他在这里与印第安人发生了激烈的争斗，最终在争斗中死去，他的同伴见证了这一切。

斐迪南·德·麦哲伦（Fernand de Magellan），于 1480 年出生于葡萄牙城市波尔图附近的蓬蒂-达巴尔卡。麦哲伦和索利斯一样认为他们称为"平静的海"的那条河流是两大洋的通道。麦哲伦在茹安二世的王宫里长大，因此他很早就与西班牙军队联系在了一起。1505 年，他跟着印度总督弗朗西斯科·德·阿尔梅达（Francisco de Almeida）的舰队驾船航行到东印度群岛，并多次参加了葡萄牙人在印度洋和摩鹿加群岛加强占领权的战斗。在太平洋的一次航行中，他想到可

瓦斯科·努涅斯·德·巴尔沃亚

西班牙航海家，在寻找跨洋通道的过程中发现了太平洋，为此巴拿马城建了一座纪念碑并在上面竖起他的雕像，以此作为纪念。

以从葡萄牙人航行的另外一边到达这些岛屿。为了完成这一壮举，必须在西班牙的印度群岛以南找到一条通道。从这时起，这个想法就一直萦绕着他。

麦哲伦向葡萄牙国王曼努埃尔阐述了他的计划，曼努埃尔认为此事荒谬，而且还因担心与西班牙人造成冲突而拒绝了他。由于不满葡萄牙王室的苛待（此前王室拒绝了他的年金，也没派他去执行一项重要的任务），麦哲伦前往卡斯蒂利亚王国，向卡斯蒂利亚王室展示其航海家的才能。在卡斯蒂利亚，他与塞维利亚一位有影响力的葡萄牙地主的女儿比阿特丽斯·巴博萨（Beatriz Barbosa）结婚。有了这层关系，加上著名天文学家鲁伊·法莱罗（Ruy Faleiro）的帮助，麦哲伦得以向布尔戈斯摄政者、主教胡安·罗德里格斯·德·丰塞卡（Juan Rodríguez de Fonseca）讲述他的探险计划。

麦哲伦在西班牙王室

根据教皇亚历山大六世颁布的诏书，葡萄牙确认摩鹿加群岛转归卡斯蒂利亚，而且西班牙到达摩鹿加群岛无须经过葡萄牙属地。麦哲伦坚定选择的环球航行正是基于他跟随阿梅里戈·韦斯普奇航行期间获得的信息。在整个行程中，他都带着韦斯普奇的朋友、领航员安德烈·德·圣马丁。后者与他不断交流此类信息。但是，麦哲伦的计划一开始就建立在错误的基础上。因为韦斯普奇的绘图师认为拉普拉塔河是海峡的开端，而海峡可以通往巴尔博亚。尽管这个计划并不新鲜（已经有人提出过该计划，卡伯特和索利斯已经尝试过，但没有成功），但麦哲伦的执着说服了朝臣，尤其是红衣主教西斯内罗斯（Cisneros）。因此，麦哲伦的同盟中有多位重量级人物：丰塞卡（Fonseca）主教——资助了部分船舰和装备，是他的主要政治支持者；殖民地贸易署财政官桑乔·德·马蒂恩索（Sancho de Matienzo）；殖民地贸易署富有而有影响力的经纪人胡安·德·阿兰达（Juan de Aranda）——给予麦哲伦经济和政治上的支持，作为回报，他将收取远征未来收益的八分之一。

但是在启航的最后一刻发生了突如其来的变故：葡萄牙国王阴谋离间远征队的两位领导者麦哲伦和法莱罗；而且西班牙官员的不信任致使他们向丰塞卡提出，要把船上的葡萄牙人控制在10人以内。因此，在开船的最后一刻，胡安·德·卡塔赫纳（Juan de Cartagena）代替了鲁伊·法莱罗（Ruy Faleiro）。尽管如此，授权环球航行的协议还是于1518年3月22日正式签署；1519年9月20日，5艘快帆船终于从圣卢卡启航出发。一起前往的还有"康塞普西翁"号船长胡安·塞巴斯蒂安·埃尔卡诺（Juan Sebastián Elcano），他是曾在地中海参加过西班牙对土耳其战役的著名航海家。

船队顺利地穿越了大西洋，在里约热内卢湾补给休整了两周之后，沿着阿根廷海岸向南行进。直到1520年3月，船队到达了巴塔哥尼亚的圣朱利安港海滩。在非常艰苦的条件下，他们在这里停留了5个月。到了冬季，远征总督察胡安·德·卡塔赫纳因与麦哲伦意见相左，发动了叛乱。考虑到诸多困难和已经过去的时间，卡塔赫纳提议放弃从南面寻找通道的想法，改为从好望角走传统路线驶向摩鹿加群岛。在远征的5艘船中，两艘支持卡塔赫纳，3艘支持麦哲伦。当形势变得棘手时，麦哲伦当机立断行使了他的指挥权：他向叛乱分子开了枪，并强行登上一艘船，另一艘船投降。作为惩戒，叛乱头领都被碎尸，胡安·德·卡塔赫纳和布道牧师被抛弃在海岸上，任其自生自灭。

终于，找到了海峡

在经历了这些严重事件之后，麦哲伦把4艘船的指挥权交给了葡萄牙水手。1520年8月21日，船队从圣朱利安港出发向南航行。一个月之后，他们发现了海峡的入口，他们将其命名为"处女角"，以纪念乌尔苏勒和传说中的1000名女性。为了考察此处的海洋支流是否有出口，麦哲伦派两艘船前去察看，但是巨大的暴风雨阻碍了他们的行动。这时，船队的意见再一次出现了分歧，一些船长要求折返，因为海峡可能并不是太平洋的通道。但麦哲伦态度强硬，命令继续航行。11月1日，4艘船深入海峡中，他们称之为"万圣海峡"，但后人赋予了它发现者的名字"麦哲伦海峡"。通过了海峡的第一个喉隘，他们看到了水道两岸陆地上星星点点的火光闪耀，此地因此得名"火地岛"。又航行了几海里，靠近现在的智利城市蓬塔阿雷纳斯，他们抵达了海峡的分岔口。麦哲伦下令船队分头探察两条水道。船长埃斯特旺·戈梅斯（Estêvão Gomes）抓住这个机会驶出了海峡，消失在浓雾

中，最后返回了西班牙。一回去，戈梅斯就施计攻击他的上司，指责麦哲伦施暴专横，是趋向葡萄牙利益的叛徒。尽管如此，印度群岛委员会还是监禁了叛乱分子，但作为预防措施，还是把麦哲伦的妻子和其他家庭成员扣留在塞维利亚，直到确认麦哲伦返回。

在此期间，剩下的3艘脱险船只终于穿过海峡，于1520年11月28日到达太平洋。在3个月的时间里，他们在茫茫大洋上航行，除了两座贫瘠的小岛——他们称为"不幸之岛"之外，再没有看到任何陆地。在经受了暴风雨、饥饿和坏血病的考验之后，他们于3月6日在玛丽安娜群岛（他们将其命名为"强盗群岛"）靠岸，这是菲律宾群岛的前哨。在宿务岛海岸对面的麦克坦岛，他们遭到

了 2000 名原住民的突袭，麦哲伦在冲突中被杀。

　　麦哲伦的妻弟杜阿尔特·巴博萨（Duarte Barbosa）接过了指挥权。但是不久之后，在宿务岛，又有几名船长在原住民的进攻中死亡。胡安·卡瓦霍（Juan Carbajo）不得已做了远征队的头领，他任命埃尔卡诺为维多利亚号船长。再次出发的时候，一艘快帆船被虫子啃噬毁坏，只能焚烧。由于卡瓦霍的无能，船队不得不在棉兰老岛港停靠，埃尔卡诺在这里接任远征司令，从而避免了一场严重的叛乱。1521 年 12 月 21 日，两艘船和剩下的 70 名船员从帝汶岛出发，经过葡萄牙人较少活动的水域返航西班牙。继续航行了几海里之后，其中的一艘快帆船意外漏水，被遗弃在蒂多雷岛附近。

16 世纪的塞维利亚

　　美洲的发现把这座城市变成了大西洋上繁忙的贸易港口之一。塞维利亚以"印度群岛港"而闻名，是唯一一个美洲返航的船舰到达港。这幅油画是阿隆索·桑切斯·科埃略（Alonso Sánchez Coello）(1531—1588) 的作品，展现了塞维利亚以及在河流上来往的双桅船和快帆船的情景，中间是大教堂及其钟楼，右边是黄金塔。从这幅画中我们还可以看到造船厂和要前往大西洋的船舰（现藏于马德里美洲博物馆）。

险象环生的环球航行之路

环球航行中有如此多潜伏的危机，从航行距离来看，每艘环球航行的船能够返回的可能性都极低。这一路上惊险离奇的经历比得上最刺激的冒险小说。航行途中除了西班牙和葡萄牙人之间的紧张关系外，还有叛乱、暴风雨、沉船、印第安人的攻击和疾病威胁。最初从西班牙出发的 5 艘船和 234 人，最后只有 1 艘船和 18 位幸存者返回。

斐迪南·德·麦哲伦（1480—1521）

便携罗盘和时辰仪

这个彩色的木质仪器是 15 世纪的作品（现藏于马德里航海博物馆）。

世界是一个广袤无垠的球形整体

最后，只有塞巴斯蒂安·埃尔卡诺指挥的维多利亚号成功穿越印度洋，沿着一条非常靠南的路线，绕过好望角北上航行到了北纬地区，到达佛得角岛。在这里，他们被葡萄牙人扣留。1522 年 7 月 15 日，埃尔卡诺施计离港起航，继续驶向西班牙，但一场强烈的暴风雨迫使他改变了方向，偏航亚速尔群岛。靠着机智和运气，船只在法亚尔岛和弗洛雷斯岛之间航行而没被葡萄牙人发现。最后，在 1522 年 9 月 6 日，维多利亚号终于抵达圣卢卡。

埃尔卡诺航行全程 14400（法国）古里（即 79500 千米），在这背后是 4 艘船和 216 人的代价；但此次航行完成了人类第

航行路线：
- 斐迪南·麦哲伦
- 其他船长
- 胡安·塞巴斯蒂安·埃尔卡诺
- 帆船的数量

❶ **1520年3月** 胡安·德·卡塔赫纳由于生活条件艰苦发动叛乱。

❷ **海峡通道** 暴风雨、逆风和惊涛骇浪让跨洋通道上的航行变得极其困难。其中一艘船舰返回西班牙。

❸ **无边无际的海洋** 在大洋的未知水域航行了3个月，这期间只有零星的小岛，目光所及渺无人烟。

❹ **埃尔卡诺接过指挥权** 麦哲伦在菲律宾麦克坦岛被杀。埃尔卡诺被指定为当时唯一的幸存者并最终返回西班牙的维多利亚号船长。

菲律宾（麦哲伦之死）1521.04.07
马里亚纳群岛（盗贼群岛）1521.03.06
摩鹿加群岛 1521.11.7
博内奥
帝汶
印度洋
马达加斯加

胡安·塞巴斯蒂安·埃尔卡诺 (1476—1526)

一次环球航行的壮举，从而证明了地球是圆的。另外，更令人震惊的是，维多利亚号的货仓里竟带回了超过25吨的香料，这批货物的价值足以抵偿远征的成本。

对于卡斯蒂利亚来说，通往太平洋和印度的向西航线的发现并不意味着任何经济利益（行程极其长又极其危险），但是麦哲伦和埃尔卡诺的航行是科学史上的巨大进步：它不仅是伟大的航海壮举，向欧洲人证明了地圆学说，而且发现了一个新的、更浩瀚的海洋，它还是贸易领域的处女地。

在几十年的时间里，世界变大了，是原有认知的5倍之大；同时，地圆说和世界一体性也得到确认。全球化进程从此开始。

科尔特斯（Cortés）招待莫克特祖玛（Moctezuma）使节宴会

米格尔和胡安·冈萨雷斯的油画（1698，现藏于马德里美洲博物馆）。

插图（右侧） 代表奥尔梅克神灵的翡翠礼器斧头（前2000—前1000；现藏于伦敦大英博物馆）。

征服阿兹特克帝国

1513 年到 1519 年，当人们不断传闻内陆存在一个强大王国时，西班牙水手进行了墨西哥湾探险。埃尔南·科尔特斯从古巴出发，带着庞大的舰队去寻找阿兹特克帝国。与受制于墨西卡人的多个部族结成联盟，他征服了一片具有传奇色彩的领土。

波多黎各征服者胡安·庞塞·德·莱昂（Juan Ponce de León）对大西洋沿岸进行了第一次真正意义上的探险，起因是他听印第安人说起有一处可以永葆青春的泉水。被这个传说吸引，1513 年 3 月，他装备了 3 艘船出发寻找青春之泉。他判断青春之泉在古巴北部的比米尼群岛。他走遍了古巴北部的海岸线，搜寻了百慕大群岛，并在 4 月到达佛罗里达州的南部海岸。由于没能找到期望中的泉水，他只好回到伊斯帕尼奥拉岛，准备进行第二次更大规模的探险。然而，1515 年的权力争夺和政治冲突迫使胡安·庞塞·德·莱昂回到西班牙，以便与印度群岛委员会进行权利谈判,并获得必要的支持。6年后,胡安·庞塞·德·莱昂被任命为佛罗里达军事总督和最高法官,他集结人员和船只占领半岛。刚到佛罗里达海岸,他就在与塞米诺尔印第安人的对抗中受了重伤,被转移到哈瓦那后不久就去世了。

另一个了不起的人物卢卡斯·瓦斯克斯·德·艾利翁(Lucas Vázquez de Ayllón)早已在加勒比海地区声名鹊起,他继续向古巴北部进行海上探险。1526年,在经历了几次失败之后,在其第二任妻子安娜·贝塞拉的财力支持下,他装备了6艘船,船上有500多名船员,包括多明我会的修士安东尼奥·德·蒙特西诺斯(Antonio de Montesinos),他们可能最远航行到了北纬32°。在现在的南卡罗来纳州海岸,他在寒冷的沼泽地上建立了圣米格尔·德·瓜达卢佩殖民地,处于印第安人的包围之中。这座城市和它的居民勉强度过了一个冬天。只有150名探险队成员在这次冒险中活了下来,卢卡斯·瓦斯克斯·德·艾利翁本人也于1526年10月18日死于寒冷。

1511年,在尤卡坦海岸对面的一次沉船事故后,几个人漂到了玛雅人的领地。一些人幸存了下来,其中不得不提的是赫罗尼莫·德·阿吉拉尔(Gerónimo de Aguilar),他学会了印第安人的语言、适应了印第安人的习俗;几年以后,他给科尔特斯提供了宝贵的信息。然而,直到1516年,西班牙人都不会经常来到墨西哥沿岸。在这个地区的最早探险者中,有弗朗西斯科·埃尔南德斯·德·科尔多瓦(Francisco Hernández de Córdoba)。他沿着尤卡坦半岛,穿过靠近墨西哥湾的水域,从巴拿马到古巴航行了多次。他的发现和故事激发了人们进一步探索的兴趣。

1518年,古巴总督迭戈·贝拉斯克斯·德·库埃里亚尔(Diego Velázquez de Cuéllar)要求他的侄子胡安·德·格里亚瓦(Juan de Grijalva)租用舰队继续弗朗西斯科·埃尔南德斯·德·科尔多瓦的探险活动。格里亚瓦率领4艘船和300人离开圣地亚哥。他到达了科苏梅尔岛,并将其命名为圣克鲁斯岛,继续环岛航行直到坎佩切。和之前的到来者一样,他也没有受到印第安人的欢迎。之后,通过墨西哥湾水域,他们深入这片土地,并跟莫克特祖玛二世皇帝的大使进行了初步接触。他发现并占领了韦拉克鲁斯岛和日后成为圣胡安德乌拉港的小海湾。格里亚瓦信守对总督的承诺："不移民，只发现。"因此没有建立任何城市。

埃尔南·科尔特斯的远征

格里亚瓦带来的关于在尤卡坦半岛内部存在一个庞大帝国的消息加快了再次远征的步伐，贝拉斯克斯更愿意授权给他的副官埃尔南·科尔特斯。然而，面对一个庞大的帝国，科尔特斯和总督之间产生了嫌隙。此时，总督只允许他在尤卡坦半岛执行勘察任务，明令禁止建立城市或者永久定居点。

1518年11月，科尔特斯在古巴圣地亚哥集结了一些水手和船只。由于他们之间的嫌隙越来越严重，总督收回了科尔特斯的勘察许可证。但是科尔特斯已经向哈瓦那航行，要与更多的人员和船舰会合。尽管贝拉斯克斯撤销了原来的命令，科尔特斯还是于1519年2月18日率领11艘船和近700人从哈瓦那出发了。沿着格里亚瓦的路线，他到达了科苏梅尔岛，接着到了尤卡坦半岛。他收留了船只遇难后幸存的赫罗尼莫·德·阿吉拉尔——他的玛雅语翻译对征服行动的成功起了很大作用。在塔巴斯科，发生了西班牙人与印第安人的第一次交锋。在被征服的印第安土著给西班牙人的献礼中，有一名美丽的女奴，名叫马林津，又名拉·马林奇或多娜·玛丽娜，她会说纳瓦特尔语（她的母语）和玛雅语，并很快成为科尔特斯的情妇，主要担任翻译和顾问。

这些西班牙人继续行进直到乌拉湾（1519年圣周四），在这里，科尔特斯再次违抗总督的命令，建立了里卡德拉维拉克鲁兹小镇。他在这里搜集信息，确认了这个庞大帝国的存在，便踏上了探寻之路。在途中，他不得不迎战特拉斯卡拉人。特拉斯卡拉人英勇战斗几个星期，最后战败，与科尔特斯签订了《和平合作条约》。特拉斯卡拉人同样也受阿兹特克帝国的统治，此时不得不掉转矛头，同时他们说服了相邻部族托托那克人起义一起反抗阿兹特克人。至此，他们组成了一支声势浩大的西班牙土著军队向特诺奇蒂特兰进发。

莫克特祖玛的大使已经与科尔特斯约定在圣城乔鲁拉会面，而科尔特斯担心被伏击，就先发制人洗劫了这座大城市。同时，这里也是特拉斯卡拉人敌人的城市，

■ 征服阿兹特克帝国

征服的重要日期

1516—1518

墨西哥湾勘探 墨西哥湾沿岸地带的早期勘探。人们听说了阿兹特克帝国。

1518

探险的开端 科尔特斯集结了一批人员和船只，装备了一个舰队向墨西哥内陆进发。

1519

与莫克特祖玛二世会面 科尔特斯深入墨西哥，到达特诺奇蒂特兰并占领了阿兹特克帝国。

1520

潘菲洛·德·纳瓦埃兹(Pánfilo de Narváez)登陆
"悲伤之夜"：6月30日，阿兹特克人起义，西班牙人逃离特诺奇蒂特兰。

1521

特诺奇蒂特兰被攻陷 8月13日，经过长时间的围攻，科尔特斯攻克了首都。瓜特穆斯被俘。阿兹特克帝国崩溃。

1522

新西班牙政府 查理一世任命科尔特斯为总督和上尉将军。西班牙的殖民统治和扩张开始。

科尔特斯到达墨西哥

莫克特苏玛二世的帝国扩张到整个中央高原和今天的韦拉克鲁斯、格雷罗、瓦哈卡、恰帕斯、普埃布拉和塔巴斯科等州。在特诺奇蒂特兰，尽管一些附庸部族不如其他部族顺从，但他们都有义务保护贸易路线并纳税。

插图 埃尔南·科尔特斯（Hernán Cortés）(1485—1547)油画（佚名）（现藏于马德里航海博物馆）。

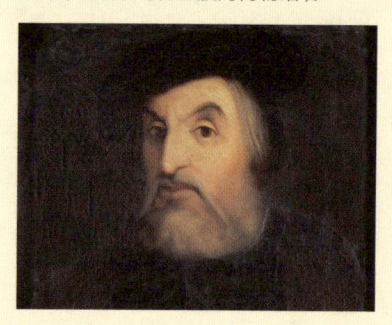

所以他们很乐意参与这场大屠杀。盛怒的西班牙土著军在整个中美洲进行了血与火的残杀，以示对阿兹特克人的威胁。

征服特诺奇蒂特兰

11月8日，科尔特斯和同盟军到达特诺奇蒂特兰。莫克特祖玛二世像羽蛇神亲临一样迎接科尔特斯，或者至少把他看作是神的特使来接待；因为阿兹特克人相信羽蛇神会从东方来统治他的子民。在这样的情况下，科尔特斯成了这座城的首领。然而，400多名西班牙人对拥有无数战士的阿兹特克军队和

图例：
- 1503年的阿兹特克帝国
- 莫克特祖玛二世征服的土地
- 莫克特祖玛二世进攻的区域
- 阿兹特克帝国驻防地点
- 埃尔南·科尔特斯的路线（1519）
- 琼塔莱玛雅人的领土

特诺奇蒂特兰的居民并不信任。

谣传敌对的土著队伍即将到来，也有消息称他们已经在韦拉克鲁斯发动进攻了，以此为借口，科尔特斯抓捕了莫克特祖玛。莫克特祖玛最终承认科尔特斯和查理一世的权威，在书记官的见证下，把王权移交给了西班牙国王。两个阵营之间的敌意不断加深，他们都觉得自己被对方所困：阿兹特克人忍受着外来者长期的控制和侮辱，而西班牙人则感觉自己是这座帝国之城的人质。

监禁莫克特祖玛给阿兹特克人的政治体系和宗教信仰带来了毁灭性的打击。印第安人的宇宙论认为

莫克特祖玛的羽毛头饰

象征阿兹特克王权的头饰使用中美洲特有的大咬鹃的羽毛制作。大咬鹃有着长长的波浪形、像蛇一样的尾巴，是羽蛇神的化身（现藏于维也纳人种学博物馆）。

特诺奇蒂特兰，中美洲大都市

当西班牙人进入特诺奇蒂特兰时，他们被这座城市的秀美、地理位置和规模深深吸引。这座近 20 万人的城市建在特斯科科湖畔，被宏伟的城墙环绕。他们从来没有见过如此之大、如此壮观、如此华丽的城市。城市的中央有王宫和令人称奇的大神庙广场，这里有举行重大仪式的场所，有供奉威齐洛波契特里神和特拉洛克神的双子金字塔，以及祭祀羽蛇神的非常独特的圆形金字塔。

阿兹特克人大约在1325年到1350年间定居在这片环礁湖的土地上。他们通过复杂的水坝体系引流湖水，从而实现了盐水和淡水分流，再把水流分别引向家庭用水和灌溉用水水渠，从而为农业发展创造了有利的条件，有助于人口增长。他们构建了浮动耕作田或称浮动田园（藤条结构覆上肥沃的淤泥，形成漂浮在湖面上的块田），目的是留出岛上更多干燥空间来建房，同时有持久的水流用于灌溉。随着时间的推移，这座城市一直在扩张，直到特拉特洛尔科以及更北的地方：被岛屿环绕的两个中心城市组成了双城之邦。特拉特洛尔科城中的大市场给科尔特斯留下了很深刻的印象。

插图（右侧）　特诺奇蒂特兰 图画摘自1524年出版于纽伦堡的《科尔特斯给查理一世的汇报信》。

插图（左侧）　特拉洛克，香炉上呈现的雨神（现藏于墨西哥大神庙博物馆）。

战败是对其战神威齐洛波契特里的侮辱，而莫克特祖玛是战神的大祭司。其间，古巴总督已经派出了潘菲洛·德·纳瓦埃兹带领着大部队到来，要以科尔特斯违抗命令为由逮捕他。科尔特斯被迫返回海岸。他授权佩德罗·德·阿尔瓦拉多（Pedro de Alvarado）指挥特诺奇蒂特兰的西班牙军队。当科尔特斯和纳瓦埃兹僵持时，他的副官做了几件蠢事，引起了印第安人贵族和祭司的强烈反抗。阿尔瓦拉多看到阿兹特克人在庆祝他们太阳年6月的盛大节日，以为他们正在准备暴动，感觉受到了威胁，便抓捕了几个祭司和王子，这又引起了土著人的暴乱。陷入绝境的阿尔瓦拉多以暗杀主要的阿兹特克头领来回击。

❶ **引水渠** 引水渠从查普尔特佩克（Chapultepec）运送饮用水。

❷ **独木舟** 人们通过小路或乘独木舟进入村庄。

❸ **动物园** 莫克特祖玛有一个植物园和一个大型动物园。

❹ **小路** 这条路将该市与伊兹塔帕拉帕和霍奇米尔科相连。

❺ **运河** 运河在城市中纵横交错，方便了交通。

❻ **房子** 房子高大，结构精巧，而且有花园。

❼ **湖上房屋** 湖上房屋让西班牙人想起了威尼斯。

❽ **宗教场所** 大神庙是特诺奇蒂特兰举行祭祀仪式的中心。

❾ **堤坝** 内萨瓦尔科约特尔主持建造了堤坝，为防止城市遭受水灾。

❿ **广场** 所有的商业活动都集中在这里。

⓫ **街道** 街道宽阔、笔直，建有吊桥。

伟大的特诺奇蒂特兰建城传奇 据说阿兹特克人为了逃避领主的统治，放弃了原有的居住地阿兹特兰。威齐洛波契特里神预言，他们会看到湖上有岛，岛上有一块岩石，上面有仙人掌，仙人掌上停留着一只展翅的鹰，当他们找到这样的地方时，他们就该定居了。当他们到达特斯科科湖时，神的预言全都应验了，因此1325年7月18日，他们在这个湖中岛上建立了特诺奇蒂特兰城。一只鹰站立在仙人掌上，至今依然是墨西哥的象征。

瓜特穆斯，抵抗者

西班牙军队在都城内被包围，并受到重挫。此时，在墨西卡人的叛乱者中有一位传奇人物脱颖而出，他由纵队头领摇身一变成了将军，他就是瓜特穆斯（Cuauhtémoc）将军。他重新组织军队，并在几个星期里持续抵抗西班牙人，成了阿兹特克人眼中的新领袖。

事态的变化使科尔特斯快速返回特诺奇蒂特兰。他试图通过莫克特祖玛安抚民心，但是这位帝王已经失去了人民的信任。莫克特祖玛在离奇的情况下死去，他到底是被西班牙人谋杀，还是被他的臣民用石块击死？他的死因是一个永远的谜。1520年6月30日，也就是著名的"悲伤

阿兹特克日历和众神联系在一起

在中美洲族群的传统中，阿兹特克人的历法有两种体系，即两种日历，并同时使用。一种是民用太阳历（绿松石日历），一年有365天，由18个月组成，被称为梅兹利，每月有20天专门供奉神灵，太阳历通常用于社会活动（尤其是农耕活动）。每个神与一个月相关，每个月都有重大的庆典和祭祀活动祭神。每周有5天，最后一天被称为提昂奎兹利，是交易日。一年中的最后5天称为那蒙特密（空闲的日子），被认为是不吉祥的，在此期间，阿兹特克人停止一切活动，全身心斋戒——禁食、禁欲。还有一种日历被称为神历（托纳尔波瓦利历）。神历的一年有260天，用于确定星宫位并预测一年中的吉日和凶日。这两种日历结合在一起就得到了52年的一个周期，即阿斯特卡世纪（轮回纪年单位）。

表示"13"的芦苇（13-芦苇）；对应1479年，在太阳石日历中被纪念的一年。

鳄
风
房子
蜥蜴
蛇
死神
鹿
兔子
水
狗

太阳石（历） 太阳石（历）以"阿兹特克人的日历"而闻名，是一块玄武岩巨石，其中心雕刻着与第五个太阳有关的托纳提乌神（现藏于墨西哥国家人类学博物馆）。

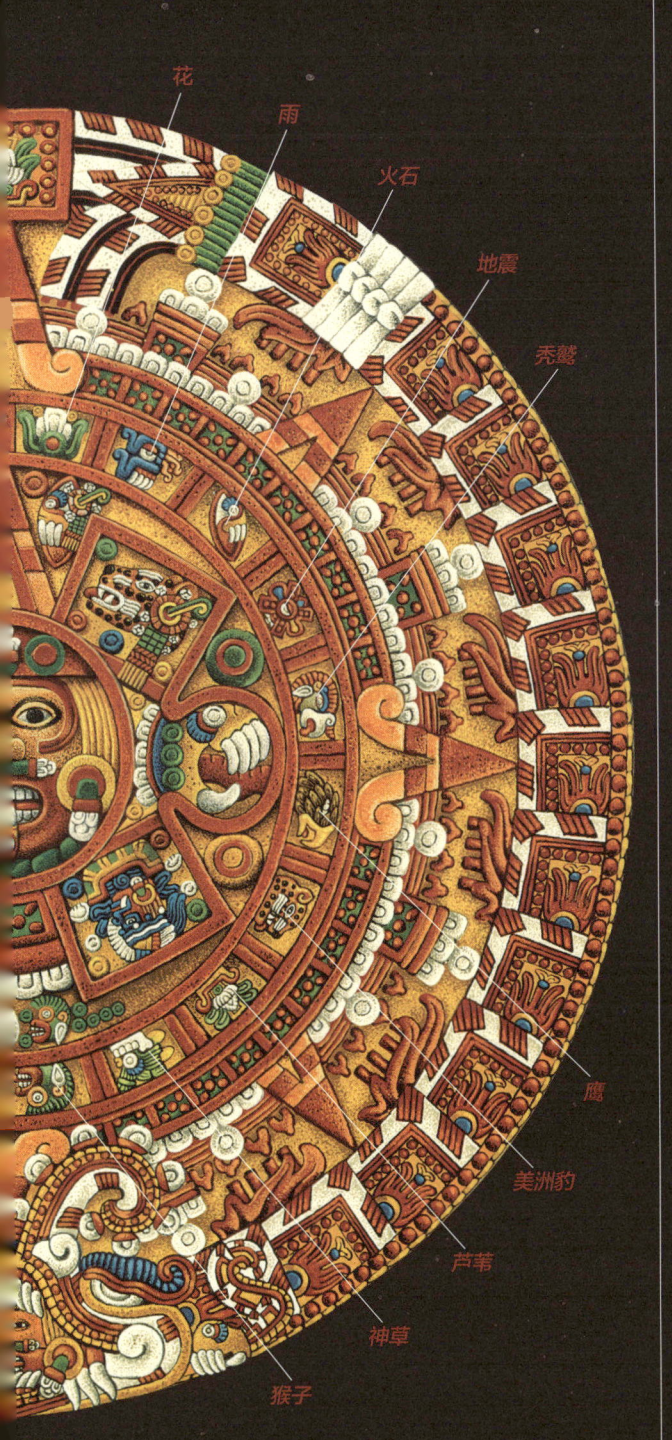

（左侧图标注）
花
雨
火石
地震
秃鹫
鹰
美洲豹
芦苇
神草
猴子

阿兹特克查尔丘特里奎神

中美洲的传统给阿兹特克人留下了丰富的万神殿，他们将自己的守护神和那些逐渐融入帝国的地区神灵融入其中。

威齐洛波契特里 战争和太阳之神，是大地女神，由科亚特利库埃神和从天而降的一团羽毛孕育而生。

西佩托堤克 "我们的主，剥皮者"，是春天的神。献祭给他的受害者被剥皮，他们的皮肤成为重生的象征。

查尔丘特里魁 "穿着翡翠裙子"的就是河湖女神。她是雨神特拉洛克的妻子，与他一起统治小特拉洛克神，采水小神。

特拉洛克 雨神和生育之神，他主管"事物流动"和"播种"。人们惧怕他，因为他能引起干旱和飓风。

托纳季乌 在一个以战争为重的社会中，这位勇士之神也是第五个太阳，统治阿兹特克人所处的第五太阳纪。他主宰着墨西卡人的天堂。

埃赫卡特尔 羽蛇神（"有羽毛的蛇"，源自奥尔梅克的神）的众多化身之一。在这个化身下，他是风神，为特拉洛克神的水开路。

■ 征服阿兹特克帝国

瓜特穆斯和拉·马林奇，墨西哥土著的两张面孔

  瓜特穆斯和拉·马林奇是两个相反的形象。瓜特穆斯是与西班牙人对抗并为其人民牺牲的英雄；马林奇则是被外国人诱惑、与他们合作并最终被抛弃和唾弃的原住民。

  瓜特穆斯，"坠落的鹰"，他是王室成员，接受过战术训练并被授予墨西卡军队的指挥权。与莫克特苏马不同，他一直反对与外国人订立契约。掌权后，他在被西班牙围攻的75天里，进行了特诺奇蒂特兰保卫战。被俘后，征服者想知道莫克特祖玛宝藏的位置，他虽饱受折磨，但始终保持沉默。1525年2月26日，面对新起义的谣言，科尔特斯将他吊死。拉·马林奇也叫多娜·玛丽娜，是佩纳拉酋长的女儿，由于生活的变故，她被作为奴隶卖给了商人，商人把她带到了塔巴斯科。在那里，她遇到了海上失事的赫罗尼莫·德·阿吉拉尔，从他那里学到了一些卡斯蒂利亚语。后来，塔巴斯科的酋长把她作为欢迎礼物送给西班牙人。她会说几种本地语言，并能进行翻译，所以她担任了科尔特斯的翻译。同时，她还成了科尔特斯的情妇、间谍和主要顾问，在向科尔特斯解释当地部族间的分歧、争斗和他们的政治组织方面发挥了关键作用。她与征服者有一个儿子，名叫马丁，但后来她还是被抛弃了。她嫁给了另一个西班牙人胡安·哈拉米略（Juan Jaramillo），与他一起生活，直到他去世。"马林奇"就是"马林奇主义"一词的来源。在墨西哥，"马林奇主义"用于谴责崇洋媚外和背叛。

  插图 科尔特斯和拉·马林奇在特拉斯卡拉的围墙接受瓜特穆斯投降，16世纪（现藏于巴黎法国国家图书馆）。

之夜"，科尔特斯不得不放弃特诺奇蒂特兰。趁着大雾，一半的西班牙士兵得以逃跑，150 名士兵被暗杀或者掉进了城中的陷阱。土著人群追逐着逃跑者；只有和特拉斯卡拉人结成联盟，科尔特斯才能够在奥图巴阻击追击的敌人。这是一次具有决定性意义的战役，它一方面表现出西班牙人高超的战术，另一方面显示了土著联盟军的实力和阿兹特克军队的纯朴。

征服特诺奇蒂特兰

西班牙人需要 14 个月来重新组织军队。科尔特斯已经说服了潘菲洛·德·纳瓦埃。大部分的敌军士兵也归顺了他。自己的人马和印第安同盟军合起来就是一支强大的

征服特诺奇蒂特兰

这幅来自 17 世纪西班牙画派的木板油画，属于《征服墨西哥》系列，描绘了 1521 年西班牙军队围攻阿兹特克首都和向埃尔南·科尔特斯的部队投降的情景。西班牙人切断了查普尔特佩克的淡水供应，再加上连接该城和特斯科科湖岸的桥梁被毁（事实证明这两个措施起了决定性作用），导致了墨西哥帝国首都的崩溃（现藏于华盛顿国会图书馆）。

军队了。因此他准备发起对特诺奇蒂特兰的最后总攻。他利用相邻部族对帝国统治的不满，取得了大部分相邻部族的支持。特拉斯卡拉人、托托那克人和乔卢特卡人，所有墨西卡人的宿敌都加入了西班牙军队。此外，中美洲第二大城市特斯科科的伊斯特利霍奇特尔酋长的军队也加入了西班牙军队；支持西班牙人还是支持墨西卡人，这个选择将特斯科科人分成了两派。只有瓜特穆斯的家乡，特拉特洛尔科村庄还忠于特诺奇蒂特兰。

从瓜特穆斯这一方来看，他联合与阿兹特克人结盟的特斯科科城伊斯特利霍奇特尔酋长的弟弟科阿纳克奇，以及泰勒潘科扎特赞（Tetlepanquetzaltzin）组成了三人同盟。他们集合了30万人的军队准备抵抗外来敌人。1521年5月30日，科尔特斯率部队包围了特诺奇蒂特兰。他的军队包括650人的步兵、一队野战炮兵、200名火枪手、100多名骑兵、几千名印第安人和伊斯特利霍奇特尔的土著军队；另外，13艘双桅横帆船组成的小型舰队也对这座城市形成包围之势，作为兵力补充。在切断了城内饮用水的供应之后，他们发起了第一次猛攻，但是没有成功。科尔特斯因此选择缓慢但毁灭性的推进：饥饿、缺水和天花传染病的蔓延，造成城内居民大量死亡。

7月底，经过40天的包围和战斗，西班牙人发起了最后总攻。1521年8月3日，让人赞叹的特诺奇蒂特兰变成了一座废墟。阿兹特克军队被击败，主要首领被杀。一个拥有2500多万人、面积比伊比利亚半岛还大的强盛帝国就这样被摧毁了。

这样一个新兴而强大的政权，有着良好的社会组织体系，有着如此高的文明程度，何以就这样化为乌有？阿兹特克帝国的崩溃很难仅以外因来解释——比如，天花或是火枪和大炮。它的灭亡有其内因的作用：阿兹特克帝国对于墨西哥中部人民的高压统治引发了内部的叛乱，并使其转而支持科尔特斯；印第安人宇宙论中的宿命论思想（奥克塔维奥·帕斯提到的墨西卡人的自杀）；领导者在政治和军事上的无能；最后还有，面对外来者时帝国上层的无知和麻木。这些因素同样可以解释印加帝国的覆灭。

《征服新西班牙的真实历史》

贝尔纳尔·迪亚斯·德尔·卡斯蒂略（Bernal Díaz del Castillo）是《征服新西班牙的真实历史》的作者。该书是为了反驳洛佩斯·德·戈马拉（López de Gómara）的编年史作品《征服墨西哥》（La conquête du Mexique）夸大埃尔南·科尔特斯在征服阿兹特克帝国中的重要性而著。

1492年，贝尔纳尔·迪亚斯·德尔·卡斯蒂略出生在巴利阿多里德的梅迪纳德尔坎波，于1514年参加了佩德拉里亚斯·达维拉（Pedrarias Dávila）在巴拿马的大规模远征。在古巴，他加入了科尔特斯的远征军。在"悲伤之夜"撤退中受伤后，卡斯蒂略跟着他的上司征战洪都拉斯。作为危地马拉领主和财产管理人，他阅读过科尔特斯写给查理一世汇报战况的信，也读过洛佩斯·德·戈马拉的作品，并对几乎只归功于科尔特斯而无视其他人功绩的书写感到大为不快。因此，他决定以自己的经历和战友的回忆来讲述这些事件，他认为他的战友们与科尔特斯上将有同样的价值、同样的功绩。作者在84岁时写了这部作品，语言简单明了。作品的手抄本在他的朋友和同胞中流传，直到很久以后，即1632年才出版（现藏于马德里众议院图书馆）。

新西班牙的建立

在掌控墨西哥的全部领土之后，科尔特斯就派兵逐次征服危地马拉和洪都拉斯，并逐步使其归附于西班牙王权。1522年，查理一世任命科尔特斯为新领土（那时已经在使用的称谓）新西班牙的总督兼司令，同时派遣一些官员来牵制他。毕竟有些征服者大权在握，国王对此心有顾忌。而科尔特斯就是掌控大量土地的准领主，同时还拥有极大的政治和军事权力，他就是这些征服者的典型代表。1525年，卡斯蒂利亚政府的典型腐败官僚努尼奥·贝尔特兰·德·古兹曼（Nuño Beltrán de Guzmán）被任命为帕努科总督，几个月后又任命为法院院长，在此之前，科尔特斯对新西班牙拥有几乎绝对的控制权。

1525 年,科尔特斯对危地马拉进行了一次新的考察。返回后,他发现首都在军官和王室官员的争斗中遭到分裂,他的权力也受到了王室使者逐渐获得特权的蚕食威胁。他还遭受了多次背叛,比如,他的副官克里斯托瓦尔·德·奥利德(Cristóbal de Olid)在洪都拉斯的反叛。科尔特斯的声誉也因为任职审查而受到损害。1528 年 3 月,他决定返回西班牙,在皇帝面前为自己辩护。在此期间,新西班牙政府的权力落在了古兹曼任院长的皇家法院的掌控之中。

科尔特斯被当作英雄受到王室的接见,并被赐封为瓦哈卡谷侯爵,在墨西哥获得了新的土地和封地。然而,查理一世拒绝授予他比王室官员更多的权力。1522 年起独居的他,利用回国的时间娶了富有的女继承人胡安娜·拉米雷兹·德·阿雷利亚诺·苏尼加(Juana Ramírez de Arellanoy Zúñiga),此后,他们生育了 6 个孩子(他还有 5 个私生子)。1530 年春,他又回到新西班牙,在这里等待他的是最高总督当局的审判。在法庭上,这位曾经的征服者不得不面对听诉官的审问,其中甚至还有总督安东尼奥·德·蒙多萨(Antonio de Mendoza)。

科尔特斯的地位很奇怪,也很矛盾:尽管他的军衔是司令,头衔是侯爵,但他并没有实权;古兹曼禁止他进入他所征服的城市。1531 年 1 月,法院新院长塞巴斯蒂安·拉米雷兹·德·福恩莱尔(Sebastián Ramírez de Fuenleal)上任,才保证了科尔特斯的部分行动自由,也让新西班牙政府恢复了一点理智。

开辟太平洋航线

科尔特斯的另一个伟大梦想就是开辟太平洋的航行和贸易路线,并且找到连通墨西哥和东方国家,尤其是连通中国的贸易航线。他派出多个副官前往太平洋上的岛屿和沿岸地带考察,希望找到一条通往中国和摩鹿加群岛的通道。这些考察活动收效甚微,于是他决定亲自指挥考察。1534 年,他开始沿着墨西哥北部海岸航行,寻找通往大西洋的通道。这个计划需要多次航行,由于这个需求,阿卡普尔科变成了墨西哥在太平洋上重要的港口;该计划还需要建设造船厂,特万特佩克造船厂因此应运而生,并成为新西班牙最重要的造船厂。在几十年的时间里,横渡太平洋的船只都从这里出海。1535 年,科尔特斯装备了 3 艘船,率领 300 多人,试图横渡太平洋完成殖民摩鹿加群岛的使命。远征以失败告终，但是这个结果并没有使他受挫；他又租了两艘船，派遣赫尔南多·德·格里哈瓦（Hernando de Grijalva）率队前往秘鲁。这次航行有两个目的：在帮助堂兄皮萨罗（Pizarro）的同时，运回一些产品在墨西哥出售。这次远征也许是唯一一次有利可图的行动，因为在回程中，其中一艘船的船舱里装满了货物。

1539年，特万特佩克造船厂已有9艘船在海上航行，还有6艘船准备出发到加利福尼亚，旨在探明那里是否是一个岛屿，以及是否有宝藏。科尔特斯派遣经验丰富的弗朗西斯科·德·乌略亚（Francisco de Ulloa）率领舰队出行，但几个月来虽然历经艰险，舰队却空手而归。然而，这次考察证实了加利福尼亚是座半岛，具有地图绘制上的意义。

新西班牙在墨西哥高原上建立，激励着西班牙人向着阿兹特克帝国北部和南部继续探险和征服。1524年1月，出于寻找跨洋通道的执念和阻止其他征服者进程的目的，埃尔南·科尔特斯紧急派遣一支小型舰队，由其手下大尉克里斯托弗·德·奥利德（1488—1524）指挥，从韦拉克鲁斯前往南方探险。他航行到哈瓦那后招募了更多的士兵，并会见了迭戈·贝拉斯克斯，两人达成协议共同征服洪都拉斯并悄悄分赃，并不准备让科尔特斯知道这一切。克里斯托弗上岸后，以科尔特斯的名义建立了第一批城镇，包括今天圣特克拉附近的圣克鲁斯，试图在他的上司做出反应之前获得尽可能多的领土。然而，克里斯托弗背叛的消息很快就传回了墨西哥，科尔特斯派遣他的堂兄弗朗西斯科·德·拉科萨（Francisco de Las Casas）去逮捕叛乱者。奥利德几乎同时迎战拉科萨和另一位洪都拉斯的征服者吉尔·冈萨雷斯·达维拉（Gil González Dávila），他打败并俘虏了他们；但是奥利德最终遭到手下的背弃，并被假意与之合作的俘虏欺骗。奥利德成了阴谋的牺牲品，不得不在纳科避难。最后，士兵们弃他而去，他被拉科萨和冈萨雷斯抓获后，经过审判后被处决。

冈萨雷斯返回墨西哥处理政务前，下令在哥伦布在中美洲举行第一次弥撒的地方建立特鲁希略城（1525）。与此同时，埃尔南·科尔特斯意识到不应该完全信任他的堂兄弗朗西斯科·德·拉科萨，于是亲自挂帅远征洪都拉斯惩治奥利德叛乱。

经过了一段艰险的路途之后,他抵达圣吉尔德布埃纳维斯塔,在这里他得知了叛徒的结局。他决定恢复体力后,到洪都拉斯的杜尔赛湾探险,或许在那里可以找到他梦寐以求的地峡通道。他想要继续深入内陆,但获悉墨西哥的争斗引发骚乱,他只好起程返航。

从巴拿马登陆

1515年佩德拉里亚斯·达维拉率领一支大规模殖民探险队来到巴拿马。这是在中美洲征服的第一片领土,也是西班牙治下的最南端。佩德拉里亚斯想要征服那些富有且容易殖民化的土地,而杜绝任何仅仅是基于传言和印第安人的故事的冒险。因此在帕斯夸尔·德·安达戈亚(Pascual de Andagoya)于1521年至1523年远征失败之后,他反对巴波亚远征并且推迟了南部地区的探险。佩德拉里亚斯想在巴拿马建立一个小型的美洲宫廷,把没有高贵血统的人都排除在外。众所周知,他对地峡美洲印第安人十分残酷,因而人送外号"狂怒多米尼"。他任职期间最值得肯定的功绩是建立了巴拿马、尼加拉瓜和洪都拉斯领土上的军事基地,保障了两大洋的交通路线。他还多次派出队伍沿着哥斯达黎加到尼加拉瓜的南部沿岸探险,船队抵达过尼科亚港。

另外,值得一提的是吉尔·冈萨雷斯·达维拉的航行,他是一名卡斯蒂利亚航海家,在受王室委托执行的任务中积累了西班牙和美洲之间航行的丰富经验。1521年,他被任命为南海司令,与王室达成探索从巴拿马到摩鹿加群岛海上通道的协议。虽然到达摩鹿加群岛的尝试没有成功,但他于1523年对今尼加拉瓜和哥斯达黎加沿岸进行了一次探险航行,并到达了他命名为丰塞卡的海湾。为了找到两大洋间的通道,他把探险队一分为二:一半人员由安德烈斯·尼诺带领走水路,另一半人员由吉尔·冈萨雷斯·达维拉本人指挥走陆路。探险队收获了大量的黄金,搜集了很多当地人提供的信息,比如,向西有很多富有的部族。因此他接着考察了洪都拉斯,并建立了圣吉尔-布埃纳-维斯塔(1524)。

由于嫉妒吉尔·冈萨雷斯·达维拉的进展,佩德拉里亚斯组建了一支探险队,由他的副官弗朗西斯科·埃尔南德斯·德·科尔多瓦(Francisco Hernández de Córdoba）和上尉费尔南多·德·索托（Hernando de Soto）率领出发，企图进入尼加拉瓜并占领冈萨雷斯发现的地方。索托和埃尔南德斯的部队在靠近今蓬塔雷纳斯的地方建立了西班牙在哥斯达黎加的第一个据点——布鲁塞尔小镇（1524），他们还在靠近今尼加拉瓜湖的地方建了格拉纳达城以及莱昂·别霍城。两个远征队发生了遭遇战，最后以吉尔·冈萨雷斯·达维拉胜利告终，他俘获了弗朗西斯科·埃尔南德斯·德·科尔多瓦。但正当计划控制领地时，他得知另一支远征队正从北方赶来，那是科尔特斯派来的由奥利德带领的队伍。1526 年，冈萨雷斯从墨西哥登船返回西班牙。他向印度委员会检举佩德拉里亚斯的所作所为从而导致他被革职。冈萨雷斯被任命为尼加拉瓜总督，但是几个月后还没上任他就去世了。

巴拿马旧城

巴拿马旧城考古学遗址是指佩德拉里亚斯·达维拉选址建立的巴拿马城（1519—1671）。1532 年征服秘鲁的远征队伍都从这里出发。1671 年 1 月，在英国海盗亨利·摩根猛攻巴拿马城的情况下，西班牙人引爆了炸药仓库摧毁了这座城市，之后它就被废弃了。

◆ 征服阿兹特克帝国

墨西哥人的反抗

杜兰手抄本中的画面展现了1520年大屠杀之后的一些幸存者在阿尔瓦拉多（Alvarado）的命令下成功包围特诺奇蒂特兰宫殿的西班牙军队。

插图 16世纪的盔甲中的头盔部分（现藏于马德里美洲博物馆）。

佩德罗·德·阿尔瓦拉多（Pedro De Alvarado）

佩德罗·德·阿尔瓦拉多于1486年出生于巴达霍斯一个没落的贵族家庭。青少年时期他就去了塞维利亚。他在那里表演走钢丝，因而得了个有勇无谋的名声。据巴达霍斯于印卡·加西拉索（Inca Garcilaso）所说，1510年，在登船前往伊斯帕尼奥拉岛的前一个晚上，阿尔瓦拉多还在吉拉尔达最高点的脚手架上悬空。一年之后，他听从叔叔迭戈·贝拉斯克斯的劝告，参加征服古巴的行动，作为嘉奖，被授予（军区）上尉头衔。但他作为征服者真实的一面，无论好坏都在征服墨西哥期间在埃尔南·科尔特斯身边表现出来了。由于在塔巴斯科和森特拉战役中的英勇表现,他升任为科尔特斯的副手。他参加了乔卢拉大屠杀,参加了会见莫克特祖玛,参加了攻占特诺奇蒂特兰。但他无端的担忧和缺乏政治策略,造成了严重的后果,直接导致了莫克特祖玛的死亡和有名的"悲伤之夜",西班牙人被迫逃离特诺奇蒂特兰。

几个月以后,他参加了重新征服并占领特诺奇蒂特兰的战争。他又一次受到了嘉奖,被赐予墨西哥较大的领地之一。他娶了当地印第安酋长的女儿路易莎·西科腾卡勒(Luisa Xicotencatl),她为他生了两个孩子。赋闲在家并不适合他,阿尔瓦拉多的人生抱负还没有实现,于是他得到科尔特斯的许可,去征服危地马拉。1523年12月6日,他率领由160名骑兵、300名步兵和数千名印第安人组成的队伍前往索科努斯科。尽管地势高低起伏影响了最初的行军,但索科努斯科的族群几乎没有抵抗。在远征军深入基切人的领地时,他们遇到了强劲的对手。在最初的抵抗失败后,原住民组成了联军,由具有传奇色彩的伟大领袖德昆乌曼(Tecún Umán)指挥,他把军队集中在乌坦特兰。

正如科尔特斯在墨西哥所做的一样,阿尔瓦拉多让被暗杀的酋长的儿子做了基切人的国王,并让他们臣服于西班牙王国,保持印第安原有权力体系持续存在的假象,以便更好地控制印第安人。从乌坦特兰出发,他踏上了卡克奇凯尔人的领土,不久前,这里的酋长们杀害了西班牙使者。阿蒂特兰部落间长久以来的仇恨再次为阿尔瓦拉多的征服行动提供了便利。伊克辛切的领主们以极高的礼遇接待了这些外来者,交换条件是要求铲除他们的敌人和邻近部落——楚图希尔人和帕纳塔卡特部落。阿尔瓦拉多的进展十分顺利:屠杀和摧毁了这些部落后,这些部落也心甘情愿地把军队和食物交给他们并表示归顺。

控制了危地马拉后,西班牙人进入今萨尔瓦多的太平洋沿岸地区,在这里他们遭到了原住民的激烈抵抗。尽管已经占领了库斯卡特兰,但印第安人的长期伏击和漫长的热带雨季促使他们回到热情的基切人的土地上。一回到卡克奇凯尔人的领土,他们就建立了圣地亚哥-德-洛斯卡瓦列罗斯(1524年7月25日),但是这个城市历经两次改变所在地,直到找到潘乔亚山谷的这个最终地点才确定下来(1543)。

在7个多月内,阿尔瓦拉多完成了对中美洲3个最强大君主国的统治:基切

■ 征服阿兹特克帝国

《波波尔·乌》或玛雅-基切人的创世神话

　　《波波尔·乌》（*Le Popol-Vuh*）或称《波波尔乌》（*Popol Wuh*），在基切语中意为《创世之书》或《玛雅圣书》，是玛雅文化的伟大奠基之作。该书描述了基切族人宇宙观下宇宙和人类的起源。

　　这个故事通过口述一直传承到16世纪时才有一位基切土著人用拉丁文把它转写成自己的语言。弗朗西斯科·希门尼斯神父发现了这个文本，并把它翻译成卡斯蒂利亚语。《波波尔·乌》讲述了玛雅人的3位神——特珀、古库马兹和胡拉坎的创世神话。他们首先创造了大地、山脉和平原，并把水流分开，溪水在山脉之间蜿蜒；河流就如是存在了，山峦也清晰起来。大地就这样被创造出来。然后，诸神创造了动物，还有人类。神认为人类会维护神赐予他们的一切，并通过仪式和祭品来崇拜他们。他们首先创造出了泥人，但是泥人又渐渐地化为泥土。于是他们又给予木头生命，但是这些木头人没有灵魂，不能崇敬他们的神。最后，他们用玉米成功地造出了一个人，他能够记住他的创造者，并能供奉他们。这本书提到的另一个伟大的创世神话是双胞胎英雄乌纳普（Hunahpú）及斯巴兰克（Xbalanqué）的冒险经历。该书还详细介绍了基切部族的历史，他们的国王，他们的征服以及他们在整个历史上被迫进行的迁徙。

　　插图　农业之神尤姆·卡克斯（Yum Kaax）（艺术品）。

人、卡克奇凯尔人和楚图希尔人；他进入萨尔瓦多并建立了一座城市，作为未来该地区的远征基地。阿尔瓦拉多在等待最佳时机进行新的入侵，在此期间，他遣散了部分部队，并让用作增援的墨西卡人离开。

但他的过度野心，或没有找到更多宝藏的悲观情绪使他忘记了对卡克奇凯尔人的承诺，还向他们强征黄金重税。这一举动激怒了原住民，引发了暴乱，直到1530年才结束。印第安人由于战争、疾病和饥饿而饱受摧残，最终付出了惨痛的代价。

一到旱季，阿尔瓦拉多就派弟弟贡萨洛（Gonzalo）前往库斯卡特兰，在那里建立了圣萨尔瓦多。1525年，佩德罗·德·阿尔瓦拉多进入恰帕斯，但汹涌的河水、茂密的雨林和不屈不挠的拉坎顿人的抵抗阻止了他们建立定居点的所有尝试。在1526年之初，他把领土的管理权交给了弟弟贡萨洛，自己前往了墨西哥，暂时忘记了危地马拉和萨尔瓦多，在这些地方他的征服成果几乎化为乌有。1527年，阿尔瓦拉多回到西班牙。宫廷像欢迎国王一样欢迎他，并且授予他总督职位、上将军衔，命他管理危地马拉省，范围包括恰帕斯、危地马拉和萨尔瓦多地区。在他行将再次踏上前往西印度群岛的旅程时，他娶了弗朗西斯卡·德·拉奎瓦（Francisca de la Cueva）。不过，新婚妻子勉强撑过了横渡大西洋的航程，到达几天之后就在维拉克鲁斯去世了（1528）。在正式就职前，阿尔瓦拉多必须经过任职审查，虽然由于他的性格和财富他树敌无数，但他还是成功地通过了审查。

危地马拉的混乱局面

在此期间，危地马拉的形势混乱。1530年，洪都拉斯总督萨尔塞多（Salcedo）去世，安德烈斯·德·塞雷塞达（Andrés de Cereceda）临时继任，但定居者并不接受这位临时总督。两年后，为了恢复和平的社会秩序，王室任命迭戈·德·阿尔比特斯（Diego de Albítez）为总督，但他来到洪都拉斯不久就去世了，塞雷塞达继续行使这一权力。在跟定居者斗争的过程中，塞雷塞达决定放弃特鲁希略城，而在纳科谷地建立另一座城市布埃纳维斯塔（1534）。特鲁希略城的居民因此产生了分歧：有些人接受了这种变化，而另一些人决定留下来，并想把这里的土地交给佩德罗·德·阿尔瓦拉多管理，殊不知这时候的他在秘鲁。

■ 征服阿兹特克帝国

佩德罗·德·阿尔瓦拉多的征战

1509—1511

古巴 他和兄弟们一起在伊斯帕尼奥拉岛登陆。他听从叔叔迭戈·贝拉斯克斯的命令，积极参加古巴征服战。

1519—1520

墨西哥 他在科尔特斯身边，一起征服了阿兹特克帝国。他的错误导致了"悲伤之夜"。

1523—1524

击败德昆乌曼的基切人联盟军 征服三个主要玛雅王国的领土。

1525—1526

恰帕斯和萨尔瓦多 他征服了这些领土，并在他的中美洲殖民成果瓦解时返回了墨西哥。

1527—1528

返回西班牙 他被任命为危地马拉总督、将军，管辖范围包括恰帕斯、危地马拉和萨尔瓦多地区。

1535—1536

维京人到达美洲 建立圣佩德罗苏拉和格拉西亚斯-阿迪奥斯。他的统治范围扩展到洪都拉斯。在哈利斯科，他镇压了奇奇梅克人的反抗。

在这样混乱的局面下，阿尔瓦拉多自然懂得如何出牌。1535 年，在外交和金钱的作用下，他从塞雷塞达的手中得到了洪都拉斯的统治权，从此他把洪都拉斯和危地马拉的统治权都掌握在自己手中。此外，由于向南和向西的不断殖民征服，阿尔瓦拉多也不停地扩展他的领地，并建立了圣佩德罗苏拉和格拉西亚斯-阿迪奥斯。膨胀的欲望和他的成功招来了墨西哥法院的诉讼。另外，阿尔瓦拉多不接受他征战得来的成果都得受那些变化的法律和平庸的法律专家的约束和摆布，因此他于 1537 年启程前往西班牙，想要亲自向王室确认他的管辖权，并请求颁发墨西哥西部沿海地

区和摩鹿加群岛的探险许可证。同年，他娶了去世妻子的妹妹比阿特丽斯·德·拉奎瓦（Beatriz de la Cueva）。

1539 年，在确认了危地马拉总督身份，并获得了摩鹿加群岛探险许可证后，阿尔瓦拉多返回了西印度群岛。他的野心有悖于尤卡坦半岛的蒙特霍的利益，他决定在格拉西亚斯-阿迪奥斯组织一次会晤，希望双方达成协议：洪都拉斯政府与危地马拉政府完全联合，蒙特霍将获得恰帕斯的土地作为补偿。洪都拉斯对阿尔瓦拉多至关重要，因为卡贝略港（今科尔特斯港）为他提供了通向加勒比海的安全出口，从而与西班牙

古危地马拉

古危地马拉建城时名为圣地亚哥-德-洛斯卡瓦列罗斯，由朱安·包蒂斯塔·安东尼利（Juan Bautista Antonelli）于 1543 年在现址建造。该城坐落于潘乔伊山谷，是西班牙在西印度群岛中最漂亮的城市。6 年后，它被指定为危地马拉皇家法院所在地。

佩德罗·德·阿尔瓦拉多（第 72 页）

征服者、危地马拉总督兼上将。油画（佚名）（现藏于古危地马拉殖民地艺术博物馆）。

> 征服阿兹特克帝国

直接相连。

1540年，当他完成摩鹿加群岛远征的准备工作时，瓜达拉哈拉总督克里斯托弗·德·奥尼亚特（Cristóbal de Oñate）请求他帮助平息奇奇梅克人的起义。阿尔瓦拉多前去支援，但在诺奇斯兰战役之后，他从马上摔到一处斜坡上，受伤严重。他被送到瓜达拉哈拉，但于1541年7月4日去世。他的妻子比阿特丽斯接管了这些领土的控制权。

尤卡坦半岛

尽管尤卡坦地区是进入墨西哥的门户和通往辽阔的阿兹特克帝国的必经之路，但直到1526年，这个地区依然与世隔绝，究其原因，或许是由于这里茂密的森林、半岛特征以及玛雅部族的情况——部族特别分散，又迟迟不肯接受西班牙的统治，还对他们怀有敌意。这是中美洲玛雅文明发展程度最高的地区，在这里许多卡西夸特斯王国共存，他们既没有政府机构也没有公共组织，曾经的辉煌已经不再，取而代之的是无政府和好战的没落状态，这里生活的主要是基切人和卡克奇凯尔人。

弗朗西斯科·蒙特霍，征服者，萨拉曼卡人，自1514年跟随佩德拉里亚斯·达维拉在巴拿马进行大规模远征以来，在西印度群岛有着丰富的阅历，参加过征服墨西哥的战争，并于1526年获得征服尤卡坦半岛的许可。1527年6月，在他的儿子小弗朗西斯科·蒙特霍（Francisco de Montejo "el Mozo"）的陪同下，他发动了对玛雅领土的征服战。蒙特霍从圣多明各出发，一直航行到科苏梅尔，在稍北的地方靠岸，在荒凉废弃的所在建立了萨拉曼卡德谢尔哈（1527）。他从那里通过陆路到达了科尼，并深入密林中，来到了令人赞叹的奇琴伊察玛雅遗址。这里的地势极其起伏不平，士兵所处的环境也很糟糕，他不得不决定返回萨拉曼卡，以便准备向南的后续远征。随后的向南远征中，一队人从陆路进发，一队人从水路出发。最后只有走水路的一队人到达了乌卢阿河和卡贝略港。1528年在墨西哥加强了兵力之后，在儿子小弗朗西斯科和同样也叫弗朗西斯科的侄子的无条件支持下，蒙特霍父子侄三人从恰帕斯和塔巴斯科进入尤卡坦，并建立了萨拉曼卡·坎佩切市，打算将其作为征服基地。他们沿着海岸开始向北和东南方向推进，但面对山区作战和原住民的抵抗，士兵纷纷潜逃。从理论上说，在1534年时，蒙特霍已经是尤卡坦总督了，但他并没有真正控制这片领土。

1537年，他被任命为洪都拉斯总督，他把领土委托给他的儿子。在堂兄的帮助下，小弗朗西斯科在查坎地区卡西夸特斯王国的领地上领导了几次成功的战役，并在旧都蒂霍的废墟上建了尤卡坦-梅里达（1542）。除此之外，堂兄弗朗西斯科在北方征战，并在查乌阿卡建立了巴利亚多利德；上尉帕恰科父子征服了恰克特马尔（切图马尔）。在堂兄和帕恰科父子征战下，他们控制了尤卡坦地区，然而这里一直都是一片充满敌意的土地，当地人反抗不断。

统治哥斯达黎加

现在哥斯达黎加共和国的领土当时名为贝拉瓜，是最后被征服的地方。1502年，哥伦布进入过哥斯达黎加水域；从1515年起，庞塞·德·莱昂（Ponce de León）、冈萨雷斯·达维拉和安德烈斯·尼诺陆续来到哥斯达黎加太平洋沿岸探险。尽管如此，直到1538年，也就是巴拿马皇家法院成立的那一年，才开始了真正意义上的统治或殖民化。两年后，在征服秘鲁时发财的老兵埃尔南·桑切斯·德·巴达霍斯得到了皇家法院的许可，征服了阿尔米特兰湾西北的土地，并在此移民，也就是今天的哥斯达黎加。1540年2月15日，他从大西洋沿岸的迪奥斯港出发。同年，他在泰尔河附近建立了巴达霍斯，并在佐罗巴罗湾南部建立了玛贝拉要塞。然而，尼加拉瓜总督罗德里戈·德·孔特雷拉斯阻挡了他的远征步伐，对于这位总督而言，其他征服者的出现就是一种入侵。经过了一场实力并不均等的战斗，埃尔南·桑切斯·德·巴达霍斯被俘，并被遣送回西班牙接受印度群岛委员会的审判。埃尔南·桑切斯德·巴达霍斯是第一个在官方文本中使用"哥斯达黎加"来指称这片领土的人，在这之前此地都被称为"贝拉瓜"。

哥斯达黎加对于西班牙人而言仍然是一个复杂的地方，这片孤立于其他领土的地区不论对于移民者还是征服者来说都没有什么吸引人的资源，而且这里崎岖的高山让一切都变得更加复杂。另外，这里的原住民时刻准备着反抗殖民入侵，从不接受任何外来者的出现。因此，疲于对新移民的救济和与原住民的斗争，总督的统治

■ 征服阿兹特克帝国

蒙特霍征服玛雅人的领地

弗朗西斯科·德·蒙特霍参加过墨西哥湾的多次远征；并在征服阿兹特克帝国时担任科尔特斯的副官。1526年，他获得进入尤卡坦玛雅领土的许可。

在儿子小弗朗西斯科的陪同下，他进入尤卡坦密林中，那里仍有玛雅人生活。他建立了萨拉曼卡·谢尔哈市（1527）和萨拉曼卡·坎佩切市（1528）。蒙特霍和他的部队很荣幸是最早看到奇琴伊察神话般遗址的欧洲人，但蒙特霍对此毫无兴趣，认为这是一座废弃的城池，没有任何商业和矿藏价值。被任命为洪都拉斯总督后，他将玛雅领土委托给他的儿子和侄子。他们两人都没有过多关注他们在探险中发现的这座令人叹为观止的建筑遗迹。大约20年之后，迭戈·德·兰达（Diego de Landa）来到这里。面对这些建筑，他被深深地吸引，感到无比震撼。在《讲述尤卡坦半岛》（1566）中，他对这些建筑进行了描述。

插图（右侧） 埃尔卡斯蒂金字塔。

弗朗西斯科·德·蒙特霍

蒙特霍宅邸的浮雕。这幢房子由其家族成员建于1542年至1549年，是（尤卡坦）梅里达与主广场毗邻的4个地块之一，这是墨西哥现存唯一的一幢15世纪民用住宅。直到19世纪，这幢房子一直都在家族后人的手中，现在里面建有一座博物馆和一个本地文化之家。

几乎无法确立。

1530年，尽管有一些土地依然没有被控制，但中美洲已经实施了分区治理，这也就是现在各个共和国的雏形，它们都在巴拿马和危地马拉皇家法院（属于墨西哥总督府的一部分）的司法管辖之下。直到1545年，殖民政府并没有真正有效控制这个地区：只有不足1500名西班牙人占领着这片领土，小规模抵抗依然不断。

随着连接美洲大陆两大高原的大部分领土都被统治，殖民征服的第二个阶段结束，一个新的时代开始了。中美洲领土成了连接南美和伊比利亚半岛的物流基地和交通中心。从此，这个地区迎来了经济活跃

期，在很长一段时期内成为两大洲之间商品和人员的中转地，同时也是一个美洲印第安人和欧洲人深度交融的时期。

卡韦萨·德·巴卡的《海难之后》（*Les Naufrages*）

在墨西哥执行任务失败（他被科尔特斯打败并被俘）后，潘菲洛·德·纳瓦埃兹（Pánfilo de Narváez）返回古巴，他的妻子在那里管理家族产业，并已有成效，成了岛上最强大的产业。依赖于他的资产，同时也渴望一扫失败的阴霾，1526 年 2 月，纳瓦埃兹前往西班牙，在皇帝面前把科尔特斯对他的所作所为奏了一本；他还请求准许征服佛罗里达（或许是被青春之泉的古老传说所吸引）。查理一世任命他为佛罗里达先遣官，准予他远征。1527年6月，潘菲洛·德·纳瓦埃兹率领5艘船出发前往古巴，他计划在那里招募更多人，并建一个远征基地；但暴风雨和飓风迫使他在特立尼达停留了近一年。1528年，他终于到达了佛罗里达沿岸，并与300名渴求黄金的队员一起深入内陆。然而他们只发现了充满敌意的印第安人，他们无情地打击了这些外来者。

回到船上后，纳瓦埃兹寻找到另一个可以登陆的地方，但由于他缺乏经验，又遭遇强风暴，致使船队遭受毁灭性打击，只有少数人得以幸免，其中包括远征队财务官阿尔瓦·努涅斯·卡韦萨·德·巴卡（Álvar Núñez Cabeza de Vaca）。他后来写的自传中充满了种种传奇的历险和发现。阿尔瓦·努涅斯被印第安玛耶耶人俘虏，跟他们生活了6年，学习了他们的习俗、仪式和治疗方法。后来，纳瓦埃兹终于联系上海难中幸存的另外两名水手佩德罗·朵兰提斯（Pedro Dorantes）和埃斯特巴尼科（Estebanico），并一起逃走。一场惊险的旅行开始了，从墨西哥湾一直到佩塔特兰河，穿越现在的得克萨斯、奇瓦瓦和索诺拉3个州，行程大约18000公里。1536年5月12日，他们抵达了有西班牙定居者的（墨西哥）圣米格尔-库利亚坎镇。

他们的长途历险在《海难之后》一书中永远地被铭记；然而，这部作品的价值远高于它作为历险记的文学价值，更重要的是它包含了从墨西哥北部到现在美国南部不同种族原住民的有趣描写。另外，故事中他们所见之处的美洲文明和印第安人传说中西沃拉城的描述，激发了人们对于墨西哥北部新的黄金之国的想象。

费尔南多·德·索托的远征

卡韦萨·德·巴卡和他的同伴们活着回到墨西哥的消息和他们的传奇故事很快传到了西班牙，并激发了冒险家们无穷的想象。反应最快、最灵活的就是这位和佩德拉里亚斯一起参加过巴拿马征服战，和皮萨罗一起参加秘鲁征服战的老兵费尔南多·德·索托。1538年4月20日，西班牙王室与他签署远征协议，任命他为

费尔南多·德·索托，征服者的代表

索托是一个矛盾的人物，他鲁莽又勇敢、雄心勃勃。有时血腥地对待印第安人，但他同样也是阿塔瓦尔帕（**Atahualpa**）最主要的保护者，他一直反对处决阿塔瓦尔帕皇帝。

索托于1500年出生在埃斯特雷马杜拉的维拉纽瓦-德巴卡罗塔，1514年就随佩德拉里亚斯·达维拉的远征军前往西印度群岛。他参加了征服巴拿马和尼加拉瓜的战争，并参与各种贸易聚敛财富，尤其是在奴隶贸易中获利。他有一支自己的军队，他曾把这支部队交由皮萨罗指挥征服秘鲁。他的勇敢和决心赢得了其他征服者的尊敬，但也遭到皮萨罗的嫉妒。他是第一个见到阿塔瓦尔帕的欧洲人，他很赏识阿塔瓦尔帕皇帝，并为他辩护，反对那些指责他要背叛他们的人。他是印加库里奎洛尔（Curicuillor）公主的情人，与她有一个女儿；但他又爱上了达维拉的女儿、卡斯蒂利亚贵族女子伊内斯·德·博巴迪拉（Inés de Bobadilla），并于1537年与她结婚。他毫不犹豫地打击原住民，但也能与他们调和，并控制其部队的过度行为。1542年，索托在密西西比河附近死于疟疾。他的遗体被放在一个树干的空洞中，然后顺着大河漂流而去。

古巴总督、佛罗里达先遣官。一年之后，他率领 10 艘船组成的舰队抵达古巴，为下一步佛罗里达探险建立基地。1539 年 5 月 18 日，新的远征队集结了 500 多名士兵（不包括 9 艘船的船员）和 237 匹马，从哈瓦那出发。在卡韦萨·德·巴卡的传奇故事、西沃拉黄金城的传说和马克·德·尼斯修士臆想言辞的诱惑下，索托将他的全部财产都投入了这次远征。

5 月 25 日，他在佛罗里达的尤西塔停船上岸，留了一些士兵守卫船舰。于是，一场持续 3 年的疯狂冒险开始了。就地理探索而言，这次探险具有重要意义；但就人力和物质而言，代价巨大。在今美洲南部领土内的进程是一场噩梦：沼泽、恶劣的气候、传染病以及与原住民的无数次对抗。费尔南多·德·索托的军事战术包括在所经过之处放火烧毁土地，囚禁或谋杀该地区主要的部落酋长。

在第一段行程中，他们到达了阿巴拉契人的领地，并在这里度过了冬天。也是从这里，他派了一支小分队到尤西塔，命令留守士兵与主力部队会合，让船舰返回古巴。1540 年 3 月，他们继续行进并进入乔治亚和南卡罗来纳，这片盛产珍珠的土地是科菲塔切基女王的领土，他们在这里受到了热情的接待。为了表示感谢，这位征服者在这里放弃了劫掠和战争。接着，他们经过北卡罗来纳和田纳西的部分地区，然后经由阿拉巴马向着南部海岸而下。这次穿越之旅是一次地狱之旅：迷路、食物短缺、印第安部落的攻击始终困扰着他们，因此远征队无暇他顾，发现黄金和宝藏都成为不可能之事。

11 月，幸存者抵达了阿拉巴马和汤比格比河之间的莫比尔港，临近了墨西哥湾沿岸。在这里，他们与印第安人发生了一场大规模的战斗，造成 100 人死亡，还有大量食物和一些装备的损失。费尔南多·德·索托的同伴们请求返回，但他决定继续向北走，以度过这个冬天。冬日的平静让他们得以恢复体力，继续探险。1541 年 5 月 8 日，他们发现了一条大河，几个参加过欧洲战争的老兵声称这条河是多瑙河的两倍宽。这条大河就被命名为格兰德河（或圣灵河），但印第安人称之为麦特-马西比河（密西西比河）。他们构筑了一些水坝，渡河之后，德·索托派出了侦察兵，他们回来时没有发现任何西沃拉城的踪迹，也没有发现任何

宝藏。这使他下决心穿越阿肯色平原向西南进发。在距离不到100公里的地方，从墨西哥出发的弗朗西斯科·巴斯克斯·德·科罗纳多（Francisco Vázquez de Coronado）和他的手下正在这里，他们同样也在寻找传说中的黄金城。此时，索托远征队只有不到300人和两匹马活着，而且他们或伤或病，腹中空空，精疲力竭，还缺少弹药，无边无际的平原对于这时的探险者而言真是看不到尽头。谨慎的费尔南多·德·索托决定改变方向，在乌蒂安格度过冬天，以期接着向南行进，找到出海口。1542年4月，他们终于返回密西西比河畔。

几天后，索托发起烧来，他下令在河岸扎营。5月

发现密西西比河

这幅威廉·亨利·鲍威尔（William Henry Powell）绘于1835年的油画，是美国华盛顿国会订购用于装饰圆形大厅的8幅作品中的最后一幅，两年后在那里展出。该作品描绘了费尔南多·德·索托于1541年在契卡索人好奇的目光下到达密西西比河的情景。费尔南多·德·索托是第一个凝望"格兰德河"的欧洲人，但是直到一个世纪之后，它的河道才被勘察出来。

81

16 世纪的北美探险

1528 年，潘菲洛·德·纳瓦埃兹在佛罗里达登陆，尽管这是一次灾难性的探险，但在《海难之后》中卡韦萨·德·巴卡的冒险故事掀起了新的侵略热潮。1539 年，费尔南多·德·索托带着 500 多人踏上征途。从墨西哥出发，一些殖民地先遣官踏足格兰德河以北的土地，寻找传说中的西沃拉城，比如，1539 年马克·德·尼斯修士。巴斯克斯·德·科罗纳多（Vázquez de Coronado）在 1540 年至 1543 年也在加利福尼亚这片广袤的土地上探寻。

远征路线：
- 庞塞·德·莱昂（1513）
- 阿隆索·阿尔瓦雷斯·皮内达（1519）
- 埃尔南·科尔特斯（1535）
- 阿尔瓦·努涅斯·卡韦萨·德·巴卡（1528—
- 马克·德·尼斯修士（1539）
- 弗朗西斯科·德·乌略亚（1539）

加利福尼亚 费尔南·瓦斯·多拉多（Fernão Vaz Dourado）的波特兰型海图（1525—1580，马德里私人收藏）。

21 日，费尔南多·德·索托去世。他的副官路易·德·莫斯科索（Luis de Moscoso）接任远征队指挥官。他们计划从陆路到达墨西哥，但由于缺少渡过特里尼蒂河的装备，他们只好往回走，并改变了计划：他们在河上航行寻找出海口，希望这样可以到达古巴或墨西哥。在阿米尼亚，他们建造了双桅船，并于 6 月 2 日出发。经过 16 天的航行，他们到了海边并试图找到古巴，但风把他们推向了陆地，他们决定沿着海岸继续航行。又经过将近两个月的航程，他们在坦帕湾登陆。这时的他们只剩下了一小撮人，他们狼狈不堪、胡子拉碴、饥肠辘辘，处

费尔南多·德·索托和路易·德·莫斯科索（1539—1542）
路易·德·莫斯科索（1542—1543）
弗朗西斯科·巴斯克斯·德·科罗纳多（1540—1543）
胡安·罗德里戈·卡布里洛-巴托尔梅·费雷洛（1542）
弗朗西斯科·德·乌略亚（1554）
在16世纪中期被西班牙王国统治的领土

❶ **阿尔瓦·努涅斯·卡韦萨·德·巴卡** 1528年，他走遍了佛罗里达、墨西哥湾沿岸和现在的得克萨斯州、奇瓦瓦州和索诺拉州。

❷ **费尔南多·德·索托** 1539年，他在佛罗里达登陆，1541年，他考察了佐治亚州、北卡罗来纳州、田纳西州和阿肯色州。1541年，他到达密西西比河。

❸ **马克·德·尼斯修士** 1539年，他穿越了墨西哥北部并考察了亚利桑那和堪萨斯的领土。

❹ **弗朗西斯科·巴斯克斯·德·科罗纳多** 在1540年至1543年间，他穿越了美洲南部，发现了科罗拉多大峡谷，考察了阿肯色州和内布拉斯加州。

佛罗里达 亚伯拉罕·奥特柳斯（Abraham Ortelius）于1570年出版的地图集《寰宇全图》（现藏于萨拉曼卡大学图书馆）。

在死亡的边缘。然而，莫斯科索和他的上尉们被总督安东尼奥·德·门多萨当作英雄来迎接。

新西班牙北部

在阿兹特克帝国灭亡后，西班牙人向北部更广阔地区扩展他们的所有权。有着丰富银矿资源的塔拉斯克和萨波泰克成了他们的首要目标；他们还征服了米却肯地区，哈利斯科和瓦哈卡城。到1529年，他们已经统治了整个中央高原和部分沿海地带，这是墨西哥人口最密集和最富饶的地区。同年，努尼奥·德·古兹曼法官，也

征服阿兹特克帝国

是当时的总督，征服了墨西哥以北的新加利西亚，即现在的哈利斯科州。尽管努尼奥也想像科尔特斯一样建功立业，与其比肩，但他的作为只是使原住民屈服，再也没有可跟 500 名西班牙士兵和 12000 多名印第安人组成的军队的浩大而又有威慑力的进军规模相提并论的荣耀了。1535 年，孔波斯特拉拔地而起，瓜达拉哈拉成为进入神话般遥远的北美洲的门户。

最先从南方进入现在美国内陆的欧洲人就是潘菲洛·德·纳瓦埃兹舰队失事后的几个幸存者。他们中的 3 人多年后又回到墨西哥，他们讲述的那些令人难以置信的故事，又一次激发了人们追逐荣耀的梦想，又一次掀起了远征的热潮。

1539 年，一位好奇的宗教人士马克·德·尼斯修士，成功说服了新西班牙总督安东尼奥·德·门多萨资助他进行寻找（3 年前返回的幸存者所提到的）西沃拉七城的探险之旅。北非人埃斯特巴尼科（Estebanico）是卡韦萨·德·巴卡的老朋友，做了远征队的领队。这个奇异的领导组合开启了逐梦传奇的墨西哥黄金国之旅。他们从圣米格尔-德库利亚坎出发，到达祖尼河，然后穿过现在的新墨西哥州，继续走过亚利桑那平原，在这里埃斯特巴尼科觉得自己看到了七座黄金城的光辉。在梦想的驱使下，他们到达了今天的堪萨斯州。黑人领队在一次伏击后被印第安人吃掉了。尼斯修士不得不无功而返。尽管如此，他依然在日志中充满想象地描述了在印第安人简陋草棚的不远处，矗立着一座叫西沃拉的富裕城市的景象。在墨西哥，在几近疯狂想象的影响下，他编造着自己从未见过的奇观，他还把这本满是虚夸和幻想的日志交给了总督。

在新西班牙，许多当政者都相信了马克·德·尼斯修士狂热的虚幻之辞，并得出结论：在北方有像阿兹特克或者印加帝国一样的另一个文明存在。醉心于征服一个新帝国并发现传说中的黄金之城，门多萨委派新加利西亚总督巴斯克斯·德·科罗纳多指挥一支探险队去完成寻找黄金七城的任务。此时，另一位想寻找西沃拉黄金城的人，也已从西班牙出发，他就是费尔南多·德·索托。门多萨总督急遣队伍出发，不甘落后。

科罗纳多远征

　　1540年4月,一支庞大的队伍从圣米格尔-德库利亚坎出发:包括300名步兵、70名骑兵、800名印第安脚夫、1000匹马、数百只羊和几十头猪。这支强大的军队就是由巴斯克斯·德·科罗纳多领导,由有宗教幻想症的马克·德·尼斯修士做向导的远征队。另外还有费尔南多·德·阿拉尔孔做指挥的两艘船支援陆地探险。但两支队伍很快就失去了联系,然后开始各自行动。弗朗西斯科·德·乌略亚一年前发现了科罗拉多河的河口,而阿拉尔孔的最大功绩就是在科罗拉多河的上游航行探险。

　　两个月炙热的煎熬之后,科罗纳多一行人到达西沃拉——一小群祖尼斯印第安人在土房子和草房子里勉强维持生存的一个村庄。又气又怒的西班牙人差点要了马克·德·尼斯修士的命。在士兵们的拳打脚踢和嘲笑怒骂之下,修士被遣回了墨西哥。探险队继续行进,接着他们到了阿比丘,在这里他们遭遇了祖尼斯人的抵抗。在击败祖尼斯人之后,西班牙人发现这里既没有黄金也没有财宝。科罗纳多在这里建立了一个军事基地,并派遣小分队在周围搜索,最终确认这是一个贫穷的地方。然而,几乎所有的印第安人都告诉他们与一条大河有关的信息。因此他们的第二个任务就是在洛佩兹·德·卡迪纳斯的带领下去寻找"一个深到几乎看不到河水的峡谷"——科罗拉多大峡谷。9月,巴斯克斯带领他的部队向着印第安人的阿科马要塞方向进发,然后向着被格兰德河浇灌而富饶、美丽的"蒂格克斯"峡谷而去,他们在那里度过了冬天。饥饿、寒冷,还有与印第安人的持续战斗让本已士气低落的部队更加痛苦。1541年4月,他们再次踏上了探险之路,穿越阿肯色平原,深入内布拉斯加以南,但是他们既没有发现矿藏,也没有看到城市,更没有找到帝国。饥饿又失望的他们返回到"蒂格克斯"峡谷又度过了一个冬天。1542年开春,他们既没有开启新的愿景也没有开始新的行动。科罗纳多从马上摔下来,脑部受到严重的撞击,致使脑力受损。军队的不满和队长的状况都要求他们立即返回。远征以经济损失惨重的失败结局而告终,但是从地理学的角度来看,远征做出了卓越贡献。

16 世纪的西班牙军剑

尽管火器的威力和声势很大，但征服者在军事上很大程度还倚重于钢或铁质兵器（现藏于巴塞罗那蒙特惠奇城堡军事博物馆）。

埃尔南·科尔特斯的结局

由于探险失败，加之墨西哥总督留给他的权力范围小得可怜，科尔特斯便萌生了去中国的想法，但苦于没有人支持，他决定于 1540 年返回西班牙。尽管王室按常规礼仪接见了科尔特斯，并赐予他马德里的一座宅邸，但从没承认他是贵族谱系中的一员。他想讨国王欢心，希望得到高级外交或军事职位，他参加了西班牙攻打阿尔及尔的战争，回来后定居在巴利阿多里德。但王室既没有考虑他在新西班牙的要求，也不给他委派任何任务。失望之余，他隐退到（塞维利亚）卡斯蒂勒雅坡镇，希望查理一世的态度能有所转变。在最后几年，他靠参加

文学辩论和计划新的太平洋横渡计划来消磨时光。1547年10月,他病倒了。他希望在新西班牙走向生命的终点,哪怕在死后可以再次回到那个他眷恋的地方也可以,为此他尽了一切努力。但死亡来得太突然,1547年12月2日,科尔特斯去世了,终年62岁。1566年前,他的遗体被运往墨西哥。历史风云变幻,他的遗体经历了5次地点迁移,最终在墨西哥首都的耶稣济贫所找到了安息之地。

科罗拉多大峡谷

总督门多萨紧急派遣巴斯克斯·德·科罗纳多带领远征队从陆路出发去寻找西沃拉七城,费尔南多·德·阿拉尔孔率领两艘船从水路支援。此行中,他们于1540年发现了科罗多河。阿拉尔孔率船队沿河而行,直到与吉拉河的交汇处。阿拉尔孔因此成为第一个踏上加利福尼亚土地的欧洲人。

■ 档案：玛雅文明的辉煌与衰败

档案：玛雅文明的辉煌与衰败

玛雅文明是美洲最辉煌、最神秘的文明：它的起源，令人称奇的建筑和它崩溃的原因，至今依然是未解之谜。

羽蛇神

魁札尔科亚特尔和库库尔坎，分别是阿兹特克人和玛雅人的神，它们的化身是一条带羽毛的蛇，象征着人的二元性：蛇是人类的部分，羽毛是神圣的部分。这两个神都是太阳的后裔，太阳赋予大地生命，并让它们繁衍。10世纪的玛雅石雕。

尽管玛雅文明的起源依然未解，但有一种最为广泛接受的观点认为玛雅文明起源于约3000年前，墨西哥人和奥尔梅克人来到危地马拉的佩滕地区。他们在与当地居民融合的过程中，产生了一种新的文

强大的文化实力

高山上云雾弥漫的森林是玛雅文明的摇篮。擅长数学和天文的玛雅人创造出了书写体系，是美洲唯一有文字的民族。尽管他们的技术与欧洲新石器时代的技术相当，但他们能够建造并维护数百座庞大的城市，如蒂卡尔（左图）。

化，并在公元3世纪左右达到了发展的鼎盛期，此时象形文字的雏形出现，玛雅建筑特色开始形成。

有证据表明，在这一时期（被称为"前古典时期"），在危地马拉阿祖尔盆地和帕斯恩河流域，在佩滕地区分布着多个举行仪式的城市，如埃尔米拉多、拿阿屯和纳克贝。奥尔梅克文明的影响逐渐消失，因此在1世纪时，在塔巴斯科和恰帕斯等地区的山谷里或朝向太平洋的山坡上，在墨西哥、危地马拉、伯利兹、萨尔瓦多和洪都拉斯的一些地区，出现了一批另有其特性的考古遗迹，可以说是玛雅文明的雏形。从公元300年起，这些独特的文化逐渐传播开来，主要是伟大的中美洲中心特诺奇蒂特兰族群来到墨西哥谷地，他们在这里建立了贸易领地，并最终主宰了这里的玛雅文化。

由于来自墨西哥中央高原的人口占主导优势，南部森林和谷地的许多居民开始移居到尤卡坦半岛内部覆盖着大量热带森林的土地上，并在这里发展出了强大占主导地位的、不同于北方邻近地区的独特文化。

档案：玛雅文明的辉煌与衰败

玛雅文明，伟大的中美洲文明

前3000—320

前古典时期 墨西哥人和奥尔梅克人迁徙到佩滕，玛雅文化在这里诞生。最初的象形文字和宗庙出现。大约在3世纪中期，其中一部分人迁往尤卡坦半岛。

320—987

古典时期或神权政治时期 玛雅文明的巅峰和主要文化成就。大型仪式中心的建造。人口迅速增长。在这个时期结束时，王权危机产生，城市被遗弃。

987—1441

后古典时期或新帝国时期 玛雅潘联盟的统治有3个权力中心：奇琴伊察是库库尔坎神的王国，玛雅潘是科康人的王国，而乌斯马尔是图图尔修斯家族的城市。

1441—1697

瓦解 这个漫长衰落期的标志是领土的分崩离析、血腥的战争、传染病和自然灾害。在1500年至1697年，西班牙人征服了玛雅领土。

球员 玛雅陶俑，发现于吉安娜岛（现藏于墨西哥国立人类学博物馆）。

古典时期

玛雅文化和政治的鼎盛时期在5世纪至10世纪，其成就主要集中在大平原和气候温和的热带山脉，并有大量森林和林地的地方——如尤卡坦半岛。考古学家确认了属于古典时期（320—987）的50多处非常重要的遗址，包括危地马拉的瓦克斯顿、蒂卡尔、彼德拉斯内格拉斯和基里瓜，伯利兹的拉马奈，恰帕斯的亚叙兰、帕伦克和波南帕克，洪都拉斯的科潘，尤卡坦半岛上的齐维尔查尔通、科巴、拉布那、卡巴约，以及早期的乌斯马尔和奇琴伊察。

玛雅人一般定居在河流附近和茂密的热带雨林中。他们从未形成统一的国家，而是各自独立的政治实体，类似于古希腊城邦。他们有举行仪式的宏大神庙，还有宗教和政治领袖（几乎都是阿贾王掌握这些权力）居住的宫殿和大型居住区。

考古发掘表明，宗教庙宇、国王和行政机构的雄伟建筑集中在大城市的中心，手工业者、从事宗教活动者、军人、商人和农民在其外围过着简朴的生活。公元600年左右，危地马蒂卡尔的仪式中心发展成美洲最大的城市，大约有5万名居民。在其他时代，其中一些城市结成联盟或王国，而较小的村庄与较大的村庄之间形成附庸关系。这种复杂的城市构成由众多的道路网络来连接。

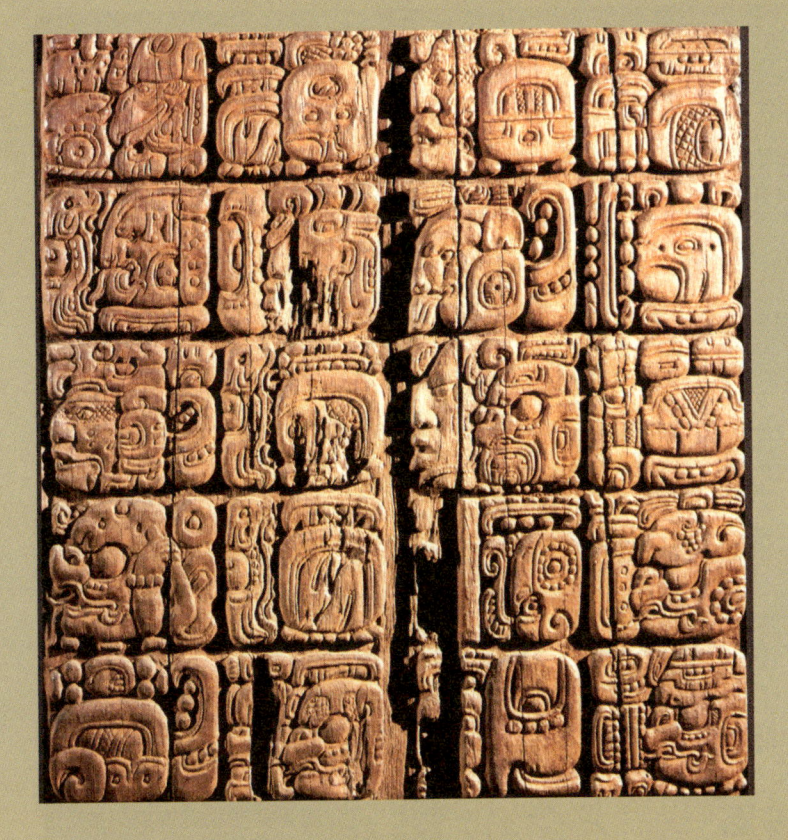

玛雅象形文字 危地马拉蒂卡尔遗址第四神庙中木制门楣上留存的象形文字细节（现藏于巴塞尔文化博物馆）。

要达到这样的人口数量，玛雅人必须学会与恶劣而复杂的环境共生。他们适应了雨林生存，创造性地建立了火耕的农业体系，将砍伐、燃烧和长期的休耕结合起来，这样可以保障玉米等基本食物来源的收成。他们还充分利用其他生态系统，从而获得食物盈余以维持庞大复杂的城市体系，科潘、帕伦克、蒂卡尔、卡拉克穆尔和纳库姆遗址就是证明。

建筑、科学和艺术

玛雅人以其宏伟的宫殿和宗教中心实现了建筑史上的伟大壮举，其特点是阶梯金字塔、有挑头的拱穹和著名的梳子形顶。这些建筑具有象征性和高度说教性，表达了设计者的宇宙观，同时也代表了委托建造宫殿和神庙的家族或君主的权力。雕刻艺术，包括墓碑上的浮雕、独立的雕刻作品和精美的玉雕，都具有鲜明的特色和非凡的创造性。在绘画艺术方面，波南帕克、奇琴伊察和图卢姆的壁画令人印象深刻，值得一提。

玛雅人还发明了复杂的时间计量技术（时间认知一直困扰着他们），他们有不同种类的日历，计数使用20位进制，能够表达非常大的数量。一个太阳年，或一个"哈布"，由365天组成，分为18个月，每个月20天，年末再加5天。他们准确地知道一年由365天加6小时组成，但从未考虑闰年。太阳年历和"日历轮"相结合形成了一个20天的周期，从1到13编号，每52年重复一次，玛雅人称之为"长纪年"。此外，他们还能非常准确地预测日食、月食和行星的运行。他们也有零的数量概念（并有一个相关的符号），比印度人提出这个概念要早很多。

玛雅人是中美洲唯一创造了完整书写体系（对这些文字的释读尚未完成）的民族。他们留下了许多使用象形文字的遗迹。同样，他们创作了一些书和带插画的古抄本，比如《契伦巴伦之书》，该书是对纪念碑上所述历史的完善。《卡克奇凯尔年鉴》描述了宗教礼仪；《波波尔·乌》阐述了玛雅创世中的轮回思想。

玛雅文明的衰败

玛雅文化中心的消亡至今依然是尚未厘清的谜题。通过对这些遗址的考古发掘与研究，我们把中美洲古典文明的衰落时间确定在公元600年至987年；在公元650年之后，提奥提华坎迅速衰落，另一个重要的文化中心瓦哈卡在同一时期也进入衰退期。玛雅文化的衰退大约开始于790年。当时，大部分城市的王族消失，朝廷也跟着衰弱，不再代表权力中心。公共建筑的建造被停止，祭司们不再竖立石碑，陶瓷、装饰品和衣服等奢侈品的生产都中断了，同样，也不再进口玉石或国王的大咬鹃羽毛头饰等异国产品，贵族的陪葬家具变得贫乏，许多城市被废弃。然而，考古研究并没有发现突如其来的外部入侵、火灾、传染病、灾难，或者农业歉收。

尽管这些城邦属于同一文明，但是城邦的统治者之间也相互嫉妒，因此很有可能是为了维护自身的声誉和权力而耗尽了经济和军事实力。这些城邦之间的竞争很激烈，每座城市、每个国王为了使臣民或者邻国敬服，都竭力建造最为奢华的宫殿，最为宏伟的城池，或征服最广阔的领土。这样肆意的竞争最终耗尽了国力，也打破了环境平衡，因为耕地、领土和人口成倍增长的同时，在恶劣环境下维持的农业生

波南帕克壁画 这是一幅再现战争场景的壁画,创作于8世纪。该壁画发现于恰帕斯的玛雅城市波南帕克,是神庙3号厅的装饰画。

产并不能以同样的速度增长。这很有可能是玛雅文明衰落的最重要原因。

从987年起,有三个权力中心共存:托尔特克神库库尔坎的王国奇琴伊察、科康王室统治的玛雅潘和图图尔修斯家族执政的乌斯马尔。这三个城邦结成玛雅潘联盟,该联盟于1194年终结,那一年玛雅潘和奇琴伊察之间爆发了战争。前者的胜利确保了科康人王朝的霸权,直到1441年左右,一场叛乱导致城邦的毁灭和国王的屠杀。这场新的战争标志着玛雅帝国分裂的开始。大城市和仪式中心被遗弃,随后,大约20个小规模、结构不完整的行政中心(当然也有一些城市有一定的重要性,比如,基切王国或卡克奇凯尔人王国)出现。这几十年间还遭遇了一些自然灾害:1464年的大飓风和1480年至1515年的传染病,在政治混乱和战争不断的背景下突然来临。持续的战争不仅造成人口锐减,同时也在社会层面和文化层面造成了玛雅

■ 档案：玛雅文明的辉煌与衰败

帕伦克，巴卡阿尔地区的首都

在玛雅城邦中，人们建造了石碑和宫殿来纪念至高无上的国王。这些统治者中的许多人仍然不为人知，而帕伦克的统治者，基尼希·帕卡尔（K'inich Pakal）即帕卡尔大帝却甚是有名。帕卡尔在城邦颓败中登上王位，公元615年到683年在位。他领导帕伦克走上了辉煌的巅峰，让蒂卡尔都黯然失色。帕卡尔下令建造了宫殿和铭文神庙（下图），至今仍保存得非常完好。这个帕伦克博物馆中保存的陶土头像塑造的正是帕卡尔的形象。

部族的分裂。

当第一批西班牙征服者于1526年出现在尤卡坦半岛时，令人惊叹的玛雅文明只剩下了为数不多的几个没落城邦，这些城邦的统治权掌握在几个贵族家族的手中，城邦之间没有联系，国力穷弱，玛雅文化的辉煌已然不再。因此，外来侵略者向秘鲁这样富饶的地区奔去，以期找到黄金，这样的结果分散了西班牙在美洲的统治。一些顽强抵抗的玛雅人，如佩滕地区的塔亚沙尔人，直到1697年才被征服。

玛雅社会

社会金字塔的顶端是国王，居于其下的是祭司、贵族和军人。接下来是艺术家、手工业者和商人，然后是农民、工匠和脚夫，最下层是奴隶。在吉安娜岛上发现的陶土小雕像刻画的就是这些人物（现藏于墨西哥人类学博物馆）。

国王 国王是集所有权力于一身的统治者，但有一个议事会帮助管理国家。古典时期。

贵族 属于大家族，是显贵阶层，占据有影响力的职位。古典时期。

军人 在玛雅社会中无处不在，他们身穿棉质盔甲，手持长方形盾牌。古典时期。

商人 与农民一起是玛雅经济生活中的主要角色。古典时期。

妇女 处于社会上层的妇女同样可以管理城市，但这种情况并不常见。后古典时期。

众神 介于神和人之间的是众神。在这个香炉上的，是雨神恰克。后古典时期。

弗朗西斯科·皮萨罗
（Francisco Pizarro）

《秘鲁的征服者》，作者：库坦（Coutan）（现藏于凡尔赛宫博物馆）。

插图（右侧）"Inti Inti"意为太阳中的太阳，以"埃切尼克的太阳"而广为人知。库斯科市徽，金箔制品（现藏于利马国家博物馆）。

印加帝国的灭亡

1532 年 4 月，皮萨罗带领 200 人在秘鲁登陆。几个月后，美洲有史以来最伟大的帝国崩溃了。然而，印加帝国的灭亡不仅仅由于外因，因为西班牙人来到这里时，印加帝国正进行着惨烈的内战，华斯卡和阿塔瓦尔帕两兄弟以及他们的两个权力中心库斯科和托梅班巴之间争斗不休。

瓦斯科·努涅斯·德·巴尔沃亚似乎得到神力相助，注定要超越科尔特斯的功绩。1513 年，他是第一个从东海岸看到太平洋的欧洲人，也是第一个相信印第安人关于更南边存在一个富饶帝国的故事的人。因此他到太平洋南岸探险的道路已经很清晰，直到巴拿马总督佩德拉里亚斯·达维拉的蒙昧打碎了他的梦想并让他付出了生命的代价。尽管佩德拉里亚斯从未相信地峡以南有重要领土的存在，但在 1521 年，他授权上尉帕斯夸尔·德·安达戈亚对巴拿马南部的土地和沿岸进行

■ 印加帝国的灭亡

瓦斯科·努涅斯·德·巴尔沃亚

"平静之海"的发现者，具有在极端形势下的领导力，善于跟美洲印第安人达成约定并进行合作，在这两方面极具天赋，是继哥伦布、科尔特斯和皮萨罗之后西班牙最出色的征服者。

巴尔沃亚出生于莱昂的一个贵族家庭，1501年他和胡安·德·拉卡萨一起来到加勒比海地区。他在伊斯帕尼奥拉岛定居，但很快就破产了，以致1509年他曾藏在迭戈·德·尼奎萨（Diego de Nicuesa）的一艘船上的木桶里逃避债权人。1513年9月，他和副官皮萨罗进入巴拿马地峡的森林。在印第安人部落和合伙人卡洛塔酋长的帮助下，经过3个星期的艰苦跋涉，他到达了印第安人声称可以看到大海的山峰。1513年9月26日拂晓，巴尔沃亚和皮萨罗看到了南部的大海，他们是最先看到这片大洋的欧洲人，这片海洋因其水域平静而被称为"太平洋"。4天后，远征队员到达太平洋，徜徉其中。这是西班牙历史上在美洲的第二大发现。从此，巴尔沃亚就梦想着去探索它。

插图 杰出西班牙人的肖像（马德里 皇家印刷局，1791年出版）。

探险。在接下来的 3 年中，他侦察了哥伦比亚的太平洋沿岸，并建立了圣胡安。在行程中，他遇到一些当地人，他们不断地跟他说起一片叫"皮鲁"或"比鲁"（秘鲁名字的来源）的神话般的土地；这个传言传遍了巴拿马。在疾病和无所收获的失望中，安达戈亚放弃了这个计划，但是关于"皮鲁"的传闻从未停止。1523 年，在南方可能存在一个富裕强大的国家，成了所有雄心勃勃的西班牙人挂在嘴边的话题，他们希望得到的远不止巴拿马这一片普通的领地。

巴拿马是通往南方领土的要冲，所有渴望发现的征服者都梦想在这里组织一次大规模的探险。然而，总督佩德拉里亚斯担心他占领尼加拉瓜的个人计划缺乏人手和资源，竭力阻止准备工作。但没有什么能够阻止这次行动：皮萨罗已经会集了人员、武器和资金，另外，西班牙奴隶贩子埃尔南·德·索托和胡安·庞塞·德·莱昂（Hernán Ponce de León）也对这个计划表现出了兴趣。

寻找秘鲁

弗朗西斯科·皮萨罗，1487 年出生在埃斯特雷马杜尔卡塞雷斯省的特鲁希略镇，是一个没落贵族的私生子。他的父亲是一个定居在巴拿马的经验丰富的征服者，皮萨罗也一直向往远征南方大海。1502 年，他已经踏上了美洲的土地，并于 1513 年参加了巴尔沃亚发现太平洋的远征。年近 50 的时候，领主的生活让他感到无聊，他决心完成同伴巴尔沃亚未竟的事业，他说服了另一个在战争中历练过的征服者迭戈·德·阿尔马格罗（Diego de Almagro），多次发起太平洋哥伦比亚海岸的远征。两人都确信有一个像阿兹特克帝国一样的庞大帝国：政治上等级化，具有高度集中的社会和宗教结构，并且遍地财富。为了到达南部王国的中心，他们组织了一支征服者的队伍，其中包括了形形色色的人物。皮萨罗任领导者，阿尔马格罗是合伙人，负责准备工作和装备。远征军的财务官是巴拿马的富有领主加斯帕·德·埃斯皮诺萨（Gaspar de Espinosa），议事司铎埃尔南多·德·卢克（Hernando de Luque）作为加斯帕的全权代表，负责远征军的司法和政治事务。

1524 年 11 月 14 日，112 人在皮萨罗的指挥下从巴拿马出发，第一次出征的目的是到达秘鲁海岸。阿尔马格罗应该带领另一艘船紧随其后,但是卢克还留在码头和佩德拉里亚斯约定最终的司法条款,未能及时出发。这次出征以失败告终,因为远征队并没有超过安达戈亚到达的纬度;两艘船在返回之前一直没能会合;敌对的印第安人和恶劣的天气让远征队员伤亡惨重;皮萨罗负伤而归;阿尔马格罗中箭致使一只眼睛失明……其余能回来的人已经精疲力尽。几个月过后,他们又重拾勇气。

1526年,在卢克神父的周旋和埃斯皮诺萨的经济支持下,他们创建了利凡得公司——这是一家私人公司,其唯一目的就是征服秘鲁。1526年6月底,皮萨罗率领两艘船,开始了对这个未知帝国的第二次远征。风暴、饥饿和疾病再次导致远征失败。这些人在艾尔盖洛岛(在今天哥伦比亚图马科市对面)避难,阿尔马格罗带领一艘船回巴拿马寻求增援。然而,新任总督佩德罗·德洛斯·里奥斯对南部王国毫无兴趣,只同意派一艘船把幸存者接回来。然而,在艾尔盖洛岛的皮萨罗拒绝放弃;他向手下描绘了一条"功名之路"并发表了讲话,其中只有13人("盖洛岛十三勇士")决定陪同他前往。那是1527年5月,在离领航员巴尔托洛梅·鲁伊斯(Bartolomé Ruiz)来接他们回去之前,还得忍受7个月与世隔绝的煎熬。

在返回巴拿马之前,弗朗西斯科·皮萨罗说服了鲁伊斯到秘鲁沿岸探险并收集关于印加王国的可靠信息。他们在通贝斯登陆(在瓜亚基尔海湾以南的秘鲁城市),当看到堡垒、神庙和城市建筑的时候,他们意识到这是一个先进而富裕的帝国。这一切让皮萨罗确定,这就是他想要的帝国。但征服一个帝国,原则上需要皇帝的授权。面对佩德罗·德洛斯·里奥斯的顽固态度,皮萨罗起程前往西班牙与查理一世直接谈判征服协议。

最后的远征

在1529年4月底的托雷得,皮萨罗面见了西班牙国王和大多数印度委员会成员。征服者的名声和经历、在艾尔盖洛岛的冒险故事以及他在新西班牙与科尔特斯在一起的成就说服了君主。7月,皮萨罗与王室签署了《托雷得协议》:该协议规

定了将要征服土地的所有权,同时册封皮萨罗为秘鲁大领主。

皮萨罗回到巴拿马后,埃斯皮诺萨不得不做了两位冒险家的调停人,因为阿尔马格罗对协议不满意,他认为协议对皮萨罗太有利。在埃斯皮诺萨的努力下,索托和庞塞·德·莱昂也加入其中,他们刚刚征服了尼加拉瓜,手里有船舰,还有从奴隶贸易中新入手的资金。

1531年1月,皮萨罗率领部队乘坐3艘双桅船前往秘鲁。途中,雨季带来了致命的传染病,致使大多数西班牙人死去,并影响了他们的行程。索托带领增援力量到达后,远征队得以抵达通贝斯。西班牙人一进印加

皮萨罗、阿尔马格罗和卢克

列日雕刻师、金银匠和出版商特奥多雷·德·布里(Théodore de Bry,1528—1598)创作的版画,再现了1524年3名西班牙人的会议,其间他们达成一致:征服秘鲁这片充满财富的土地,虽然他们只是听闻过其传言而已。3人做了内部分工:帕萨里将是远征队的队长,阿尔马格罗是军需官,卢克则负责财务。美洲版画第六卷(现藏于柏林美术图书馆)。

印加帝国的灭亡

塔万廷苏尤，伟大的政治大厦

塔万廷苏尤（印加帝国国名，盖丘亚语，意为东南西北四个基点，即四州之国）是一个非常庞大的帝国，其首都为库斯科，拥有共同的语言盖丘亚语，鲁米西米语或称为"男人的语言"。

❶ **钦查苏尤** 印加帝国北部地区，首府为托梅班巴。

❷ **库恩蒂苏尤** 包括库斯科以西的土地，从灿灿到阿雷基帕。

❸ **安提苏尤** 包括乌鲁班巴河和马德雷迪奥斯河流域。

❹ **科利亚苏尤** 其中枢位于的的喀喀湖。

在它的鼎盛时期，塔万廷苏尤包括从哥伦比亚以南的安卡斯马约河到智利中部的马乌莱河岸，以及从太平洋沿岸到亚马孙森林边缘的广阔领土。在16世纪初，印加帝国统治着大约1200万人口。它的政治结构呈金字塔式的高度集中，全国被分为4个苏尤或地区，每个地区由王室的近亲代表印加王权来统治。帝国拥有庞大的道路网络，路上设有驿站（邮寄中转站）来确保通信。各个地区设立皇家权力机构和大型行政中心，如威尔卡瓦曼城、瓦努科帕姆帕城或图米帕姆帕城，都沿着皇家大道而建，集中了皇家的巡查员和官员，以及大型的食品仓库。

插图 黄金小雕像，刻画的是太阳贞女的形象（现藏于柏林人种学博物馆）。

城就迎来了印第安人带着敌意的探访。皮萨罗只好在通贝斯等待援兵，在此期间，他获悉阿塔瓦尔帕和华斯卡两兄弟争夺王位的战争正打得如火如荼。

皮萨罗掌握了越来越多的信息，并意识到王位继承战和许多被征服的印第安部落的不满对他来说正是良机。他想起在托雷得与埃尔南·科尔特斯的谈话，他认识到印加帝国与阿兹特克帝国的相似之处（强大的权力集中在皇帝和库斯科城，庞大的帝国，神话般的财富和不满的人民）。他有了明确的策略，与科尔特斯在墨西哥采取的战略相同：利用内部分歧获得印加人敌对部落的信任，俘虏皇帝并夺取首都库斯科。

伟大的印加帝国

15世纪印加帝国的加速发展导致了危机的产生，最严重的是1529年到1532年间，最后一位伟大的印加皇帝瓦伊纳·卡帕克（Huayna Cápac）的儿子华斯卡和阿塔瓦尔帕之间的冲突。依靠复杂的国家结构，以及确保持续税收和农业产出盈余的机制，瓦伊纳·卡帕克将太阳之子的帝国扩张到了极致。

然而，瓦伊纳·卡帕克统治的复杂性加剧了内部的紧张关系，暴露了塔万廷苏尤统治的弱点。比如，由于没有正统的继承子嗣，王位继承问题悬而未决，印加皇帝只能从不同母亲所生的众多儿子中选择继任者，这引发了王子之间的明争暗斗。瓦伊纳·卡帕克本人就曾深受其害。他的父亲图帕克·尤潘基（Tupac Yupanqui）在其幼年时就去世了，尤潘基的妾室楚基·奥克洛（Chuqui Ocllo）阴谋策划其子卡帕克瓜里（Cápac Guari）坐上皇帝宝座。随后，在摄政时期直到成年，瓦伊纳曾多次遭遇谋杀或篡权，其中包括摄政者本人，他试图让自己的儿子登上皇位。

年轻的瓦伊纳把大部分的时间和王国的资源都用于平息南方部族的叛乱和征服新的领土，吞并了现在哥伦比亚以南的帕斯托斯地区。同样，他不得不平定查尔卡斯地区的多次叛乱，并重新安排了智利各部族的酋长，并为其提供了堡垒和驻军。这些战争促使他提高军人这一新兴阶层的地位，从而损害了传统贵族的利益。他还

印加帝国的灭亡

在（厄瓜多尔）托梅班巴建立了一个新的行政中心以便于控制更不稳定的北方。这些只会激化内部争斗，加剧争夺控制权的冲突；习惯于掌握帝国最高领导权的贵族们，与新政府的领导者和皇帝的亲信即各片领土的将军和酋长——这两大势力之间更加相互嫉妒、倾轧。

在瓦伊纳·卡帕克不断取得军事上的胜利、不停拓展疆域的同时，逐渐出现了行政管理乏力，甚至衰退的迹象。帝国的雄心变成了沉重的负担，代价过高。领土一体化明显不能再持续推行，这个毒瘤已经深入传统的行政体系中，威胁着安第斯社会的稳定。社群工作机制不能再让这部神奇的权力机器运作，也不能让帝国的庶民饱食。在西班牙人到来的前夕，（极可能是）天花病毒在强大的印加帝国肆虐，而本已存在的继承权问题更是悲剧性地加剧了所有这些纠纷和矛盾。

塔万廷苏尤危机

1525年瓦伊纳·卡帕克去世，他的儿子华斯卡继承帝位，得到了库斯科贵族的支持。贵族们之前不情愿地接受了老皇帝的改革和另一个政治和宗教权力中心的建立，此时他们希望华斯卡能够结束这种局面。而北部的库拉卡斯人觉得他们的自治权受到了威胁；托梅班巴的贵族为他们的特权而担忧，职业军官则担心他们的指挥权受到蚕食。在这样的情况下，华斯卡的弟弟、倚重于北部领土的阿塔瓦尔帕，失望于父亲的选择，带头发动了叛乱。

内战非常惨烈，同时也暴露了帝国的弱点——疆域太过广阔又依赖于不确定的忠诚。凭借他的勇气，以及基斯基斯（Quisquis）和卡尔库迟马科（Calcuchímac）两位将军的军事才能，阿塔瓦尔帕在皮萨罗及其军队到达前夕取得了胜利。据说，当阿塔瓦尔帕的将军们夺取库斯科时，信使带来一个令人难以置信的消息：海岸上出现了很多神，他们的首领是维拉科嘉，他又出现在曾经消失的地方。安第斯人的预言成真了——维拉科嘉，创造世界的神，印加王朝的缔造者回来了。阿塔瓦尔帕将其视为一种征兆：神的造访，伟大的维拉科嘉会保佑他的统治。

然而现实全然不同——所谓的神，不过是渴望黄金和征服的皮萨罗和他的手下。

新的印加皇帝想象着美好的未来，但现实则是一个饱受战争蹂躏的国家和一个被削弱的内部联盟（当他们没陷入冲突时）支持的政府，缺乏有效的行政机制，领土四分五裂，远不是所谓的"帝国"。

印加王国迟早会爆发叛乱，阿塔瓦尔帕和他的将军应该实行铁腕专制，就像他们在库斯科击败和俘虏华斯卡一样。塔万廷苏尤的北方和南方已势不两立，统一的国家进程已经停止。但是阿塔瓦尔帕是在托梅班巴长大的皇帝私生子，根本不了解首都的风俗习惯，作为外来者无法得到库斯科贵族阶层的信任。托梅班巴人和库斯科人之间产生了政治分歧；作为国家凝聚

库斯科

库斯科位于安第斯山脉的东坡，印加帝国的伟大首都。1532年，这里大约有 20 万名居民，集中了所有政治和宗教权力。库斯科的意思是"世界之脐"，这个名称是其首都重要性的象征。

阿塔瓦尔帕（第 107 页）

尽管西班牙人指定阿塔瓦尔帕的继承者，但他被认为是印加帝国的最后一位皇帝。这幅肖像画是一部 16 世纪西班牙作品中的插图。

印加帝国的灭亡

征服印加帝国

1524—1525

第一次远征秘鲁王国 皮萨罗和阿尔马格罗指挥的第一次远征以彻底的失败告终。

1526—1528

创立利凡得公司 皮萨罗领导的第二次远征在通贝斯登陆。

1529—1531

签署《托雷得协议》 第三次远征也是征服塔万廷苏尤的最后一次出征。

1532—1533

卡哈马卡 会晤阿塔瓦尔帕,并将其俘虏。征服印加帝国首都库斯科。塔万廷苏尤的崩溃。

1534—1535

北安第斯山脉 塞巴斯蒂安·德·贝纳尔卡萨(Sebastián de Benalcázar)征服了这些领土。阿尔马格罗向南进入智利。

1536—1538

印加人在库斯科发动起义 皮萨罗派和阿尔马格罗派之间的对抗,内战开始。

力基础的安第斯文化基本原则(社区团结、集体劳动、土地共有和收成的均等分配)也已经动摇。瓦伊纳·卡帕克在世时,许多决定安第斯世界的因素已经因战争和新的政治和军事集团的过度特权而遭到破坏。连续不断的起义导致土地的持续过度利用和人口的极大规模迁徙,这种集体的被迫迁居破坏了城市的平衡,引起了不满。贵族个人财产的出现以及作为收入永久化手段的遗产的出现,都对共同财产产生了影响。这些从文化和经济上来看对于印加人都是新事物,就像西班牙人在贸易中强制使用货币一样。社区财产、社区工作和所有相关的社会经济平衡都被打破。从此,人们必须为新的领主劳动,因此不再有时间留给社区。

在这样的形势下,皮萨罗为何能从各部族和库拉卡斯人的痛苦中受益变得不难理解,与此同时,皮萨罗又能从迷失了方向的腐朽社会的瘫痪状态中获益。塔万廷苏尤的政治局势和内部形势解释了印加王国迅速衰落和瓦解,以及安第斯社会从1532年起经历的危机的原因,这个危机的爆发和西班牙的征服交叠在了一起,但是危机本身早已潜伏几十年了。

卡哈马卡会晤

在皮萨罗和阿塔瓦尔帕会面的前夜,西班牙人等待着阿尔马格罗承诺要派来的援兵。援兵还未到,皮萨罗已经失去了耐心,决定立刻采取行动。他带

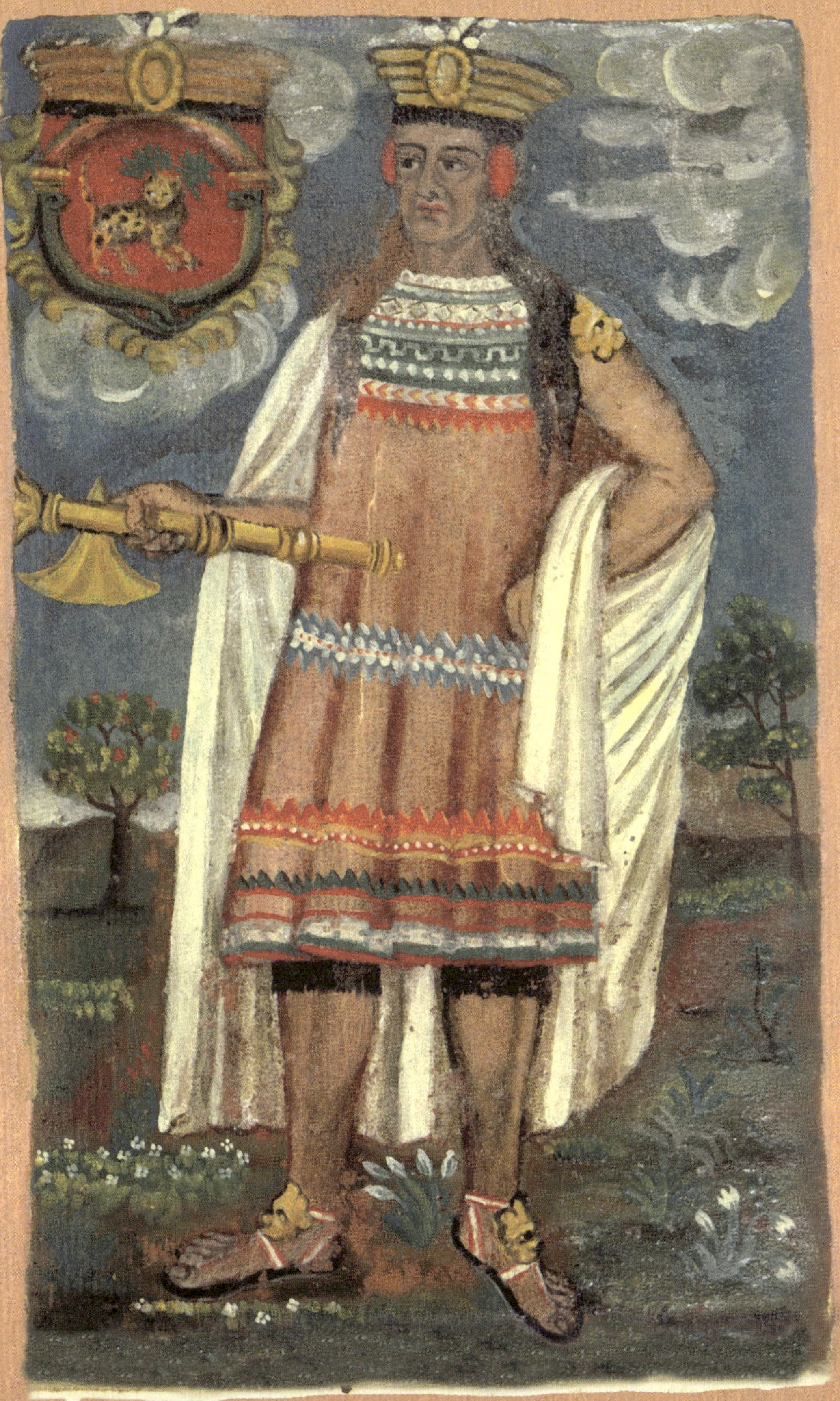

印加帝国的灭亡

领着 102 名步兵、62 名骑兵、1 位神父和几个印第安向导，从通贝斯向南，向着阿塔瓦尔帕扎营的森林进发。西班牙人的动向已被印加人的哨兵察觉。当西班牙人接近时，双方使节进行了礼节性的交流和礼物互换。然而，西班牙探险者的汇报和印加人的神秘礼物（稻草捆扎的干鸭子）都不是好兆头。

1532 年 11 月 16 日，西班牙军队到达卡哈马卡山谷。此时，分布在城市周围和附近山上的 32000 人（有资料认为是近 50000 人）的印第安人军队，正在等待他们。皮萨罗在晚祷时辰之后进城，并在城市中心部署火枪兵、步兵和骑兵。人们永远不会知道俘虏阿塔瓦尔帕的真实场景是如何发生的。然而，众所周知，在经过几轮信使交流后，印加皇帝决定去见皮萨罗；他一到卡哈马卡广场，圣方济各会的维森特·德·巴尔韦德（Vicente de Valverde）就出来迎接他，并向他宣读了接受卡斯蒂利亚王国统治权的传告，然后将《福音书》交给他。不出所料，印加皇帝根本不知所言，还把《福音书》扔在地上。于是，阿塔瓦尔帕被俘了。与莫克特苏马的情况一样，惊愕的印加军队陷入瘫痪，因此逮捕行动并没有遭到多少抵抗；这次干净利落、一招致胜的伏击目的是把至高统治权移交给西班牙王室。如同科尔特斯一样，皮萨罗认为他可以利用安第斯帝国的行政和财政管理机构来保证西班牙人强有力的统治。

阿塔瓦尔帕一被俘，这个故事就传得尽人皆知了。印加皇帝给出了令人惊骇的赎金来换取自由：他承诺支付填满其被关押屋子的金银（一次性铸好 150 万比索的金银）。在 7 个月内，尽管西班牙人有印加皇帝签署的安全通行证，可以完全自由地行动，但他们还是驻扎在卡哈马卡附近。在阿尔马格罗的增援部队抵达并分配了战利品之后，他们必须向库斯科开拔了。阿塔瓦尔帕被怀疑与在库斯科的将军有联系，因此以叛国罪和阴谋罪被处决。然而在出发之前，为了平息印第安人心中的焦虑，皮萨罗召集了贵族会议，提议选举一位新的印加皇帝——图帕克·瓦尔帕（托帕尔卡或图帕利巴）（Túpac Hualpa, Toparca 或 Tupaliba），前任皇帝的弟弟。西班牙人在向首都挺进的途中在豪哈停留，阿塔瓦尔帕在此因病去世。

皮萨罗、阿塔瓦尔帕和《福音书》的故事

在卡哈马卡发生的最离奇的场景就是多明我会修士巴尔韦德（Valverde）和阿塔瓦尔帕的会面，前者宣读完司法文件《传告书》并给后者送上《福音书》时的情景。

1532年11月16日，夜幕降临，印加皇帝一行人来到卡哈马卡的广场上。巴尔韦德一手拿着十字架，一手拿着《福音书》，在印第安翻译费利皮洛（Felipillo）的陪同下走出来。他要求阿塔瓦尔帕和他一起去见皮萨罗。印加皇帝感觉被轻视，并回答：只有我才能发号施令。按照法律要求，修士向他宣读《传告书》的目的是告诉他必须臣服于西班牙国王，改信天主教，并接受作为基督使者的皇帝和皇帝的代表皮萨罗的权威。对于阿塔瓦尔帕而言，这些话根本无法理解。当他问是谁说出如此狂言时，修士给他出示了《福音书》。狂怒的阿塔瓦尔帕把书扔到地上。巴尔韦德见状逃走，接着手持着剑和盾牌的皮萨罗冲进广场，高喊道："圣地亚哥！"[2]。一声雷鸣回响在卡哈马卡的山间，印加帝国的地狱之门被打开了。波马·德·阿亚拉（Poma de Ayala）在《新编年史和良好政府》（Nouvelle Chronique et bon gouvernement）中做出如是描述。

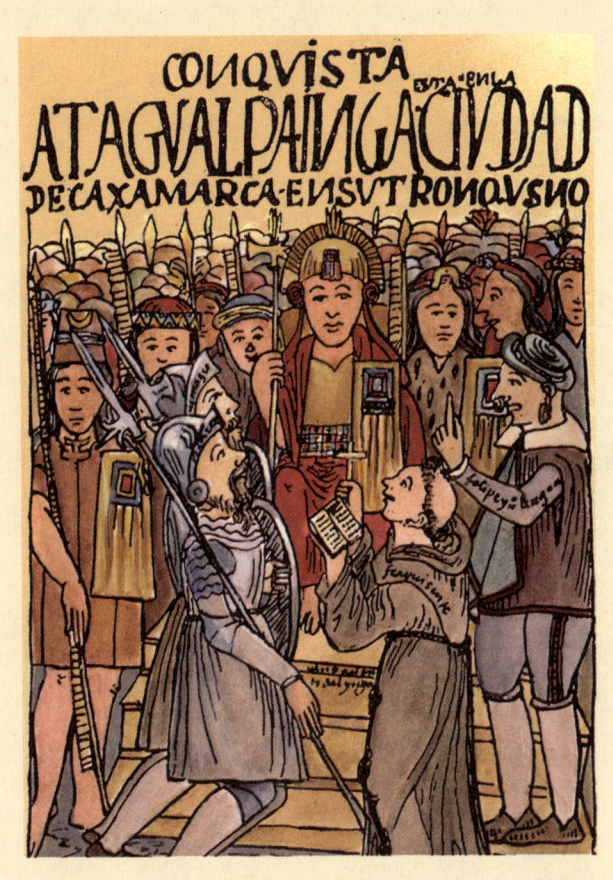

---

[2] 耶稣基督的十二使徒之一，西班牙的保护神。——译者注

■ 印加帝国的灭亡

在库斯科，印第安军队的最高指挥官基斯基斯将军，得知西班牙军队到来的消息感到既悲痛又无能为力，并担心与他的上司们遭受同样的结局，因此火烧兵站后弃城而逃。

1533年11月15日，西班牙人进入美洲有史以来最庞大、最具传奇色彩的帝国的首都。这座城市及其周边地区的宝藏和建筑让征服者惊叹不已。

从两个伟大的美洲帝国灭亡的相似之处来看，比较容易征服的原因与他们内部的解体有必然的关系——他们都已是外强中干。如果帝国在政治和社会层面上以组织有序的中央集权统治这些广阔的领土，就不会有如此惨痛的失败。西班牙人接手了正值扩张的阿兹特克帝国和印加帝国，给他们的扩张画上了句号。在征服这两个帝国的过程中，除了明显的技术和军事优势外，西班牙人还能够利用内部分歧和敌对，以及两种文明的神谕和圣典所宣布的他们的到来所造成的意外效应击垮他们。

基多和秘鲁北部

1533年，皮萨罗任命塞巴斯蒂安·德·贝纳尔卡萨（Sebastián de Benalcázar）为皮乌拉副总督，以保护西班牙军队的后方，并与托梅班巴将军卢米尼亚维（Rumiñahui）领导的印加抵抗运动的策源地形成对峙之势。皮萨罗最初并不打算将西班牙的统治向北扩张，但贝纳尔卡萨无视总督的命令，开始征服被当地人放弃的托梅班巴，并继续向卢米尼亚维和北方印加残余军队避难的里奥班巴进发。

巴拿马聚集了许多渴望前往南方领土的西班牙人。从皮萨罗探险发现的最初消息涌向地峡起，这里就组织起了多个远征队。尼加拉瓜总督佩德罗·德·阿尔瓦拉多迅速组建了一支军队，几乎与贝纳尔卡萨同时出现在秘鲁北部。几个星期后，在同一片土地上又出现了皮萨罗的合伙人阿尔马格罗的军队。皮萨罗可不是一个纵容他人侵犯荣耀、领土和财富的人。3人进行了谈判并达成一致：阿尔瓦拉多撤军，作为交换条件，将其部队转让给阿尔马格罗。

贝纳尔卡萨将留在里奥班巴和基多,掌握全部权力,这使其可以彻底结束卢米尼亚维领导的印加抵抗运动,并继续向北方探险。他也必须彻底平息居住在厄瓜多尔但从未归属过印加帝国的许多部族的零散抵抗。

然而,抵抗运动的结束和原印加帝国北方边境的平定并不能满足贝纳尔卡萨的欲望和野心。相反,被其他遍布财富的王国的传言和传奇所吸引,他梦想着继续向北探险。在去哥伦比亚之前,他建立了瓜亚基尔,船只停靠的天然良港,确保了通向大海的出口。该地区的原住民多次发起叛乱,因

奥扬泰坦博的太阳神庙

这是帕查库特克（Pachacútec）建在皇家大道沿线上的一座城市。在整个被征服时期,印加抵抗运动领导人曼科·卡帕克二世把它作为临时首都,并筑堡垒加固了该城。1540年,皮萨罗成了奥扬泰坦博原住民的领主。

萨克塞瓦曼（第112—113页）

这座以巨石筑墙的古堡,既是堡垒也是举行仪式的地方,是印加最伟大的建筑。该建筑由帕查库特克主持动工修建,16世纪在瓦伊纳·卡帕克统治时期竣工。

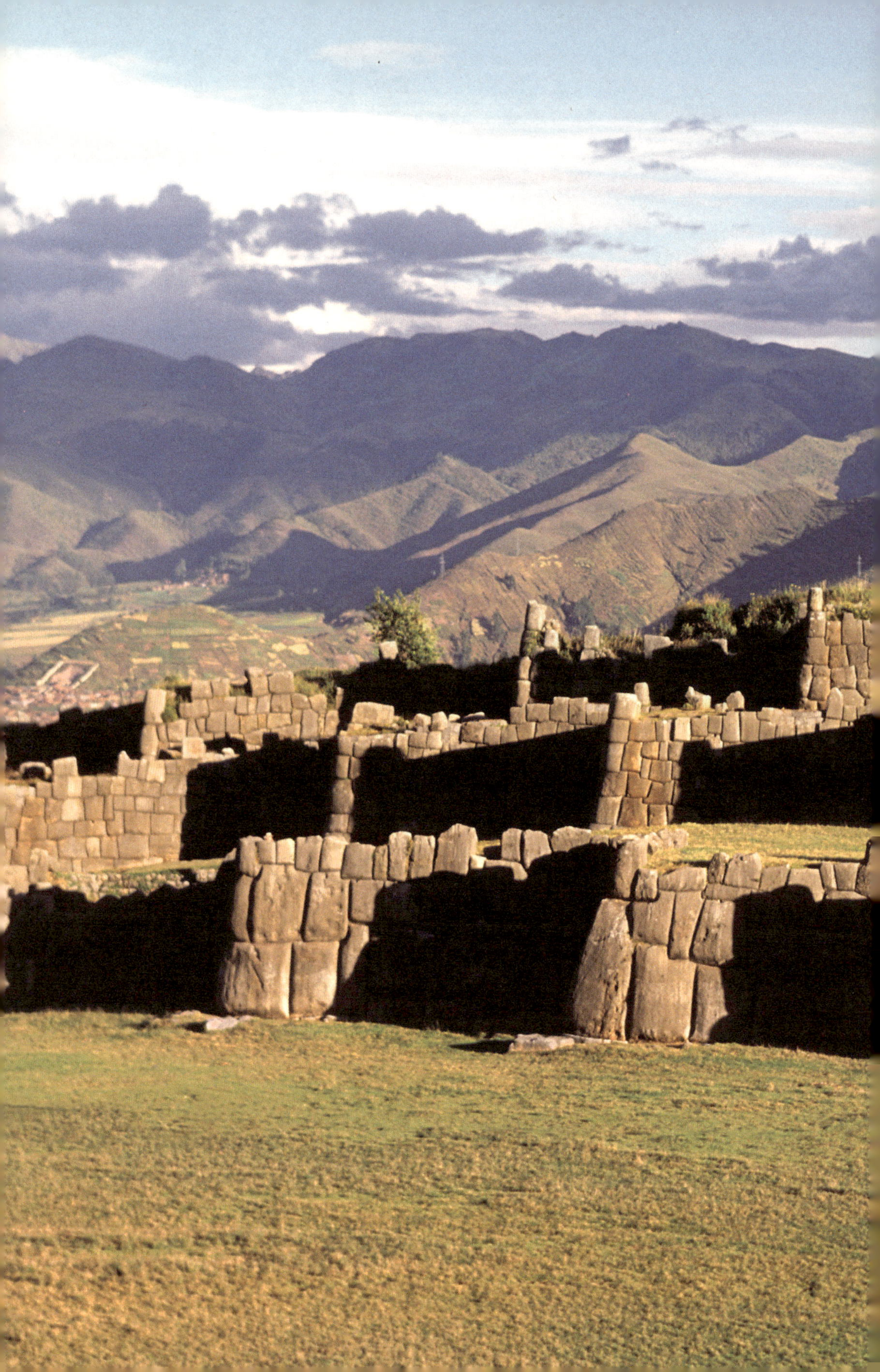

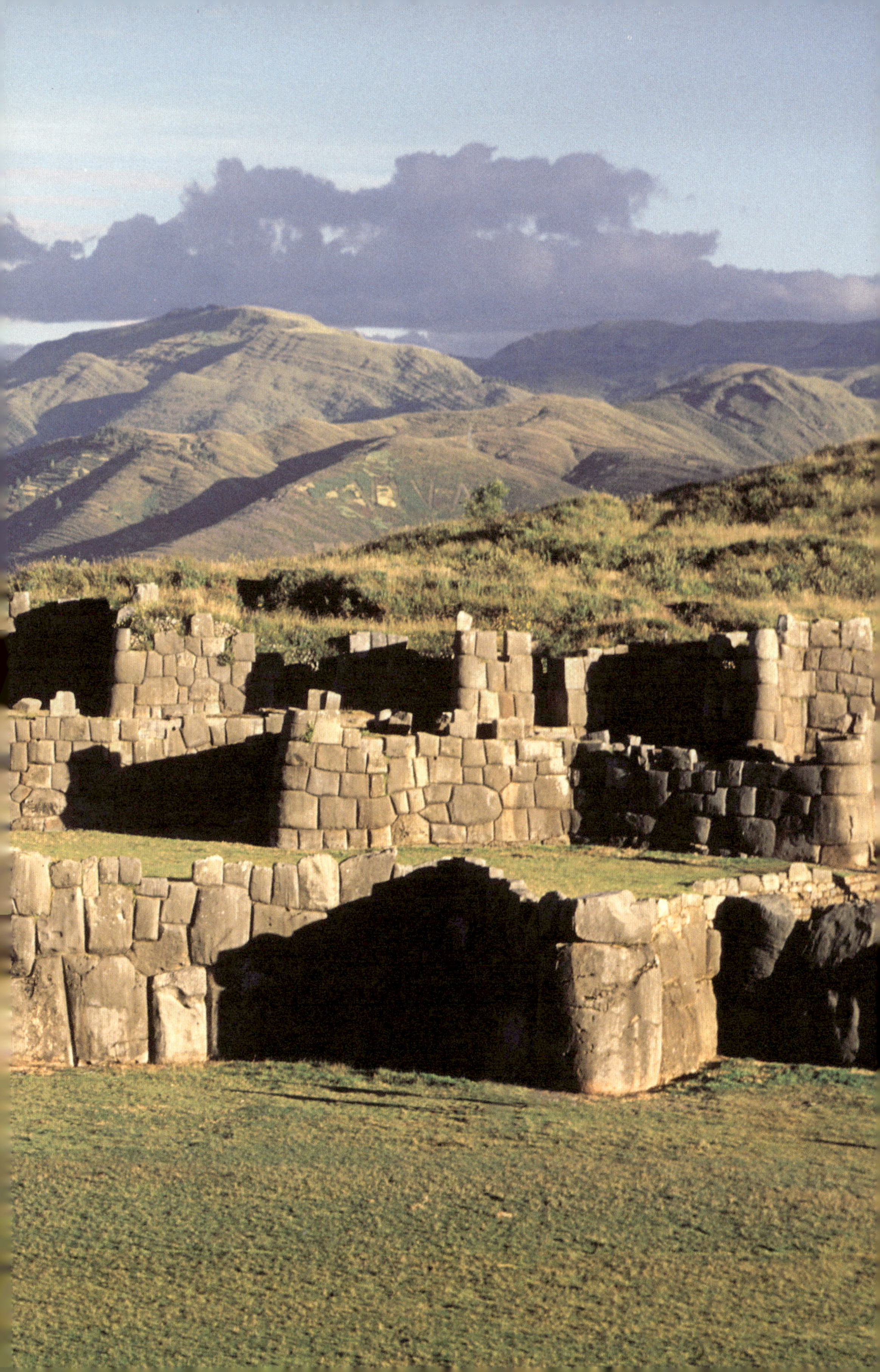

此，直到 1537 年奥雷亚纳到达，才开始稳定地安置新移民。在通往哥伦比亚的路上，贝纳尔卡萨建立了波帕扬、卡利和内瓦，并于 1539 年抵达波哥大附近，同时希门尼斯·德·克萨达（Jiménez de Quesada）和尼古拉斯·费德曼（Nikolaus Federmann）的部队也到达了此地。

第一次远征智利

西班牙人进驻库斯科不久，阿尔马格罗和皮萨罗之间就为各自的权力和特权发生了激烈的争执。阿尔马格罗被任命为库斯科的副总督，并打算从这里组织向南的征服行动。因梦想着实行自己的统治，阿尔马格罗反对皮萨罗把权力扩大到原印加帝国的首都。他最后决定把争议搁置一边，先出发征服智利。

1535 年 9 月，一支浩浩荡荡的远征队伍离开库斯科，希望找到另一个传奇帝国。阿尔马格罗把 570 名士兵和 2000 名印第安人援军分成 3 队，步行前往智利海岸；鲁伊·迪亚兹（Ruy Díaz）指挥小型补给舰队从海上前行，在科皮亚波港等待他们。最初的行程平安无事，沿着印加人指引的道路，他们穿过了玻利维亚的阿尔蒂普拉诺高原，抵达胡胡伊山谷并进入阿根廷北部的萨尔塔地区，但是问题在这里出现了。首先，他们不得不面对精疲力竭的印第安搬运工的遗弃和死亡。其次，解冻带来的河水泛滥阻止了人员和马匹通行，延误了行程。在等待渡过滔滔洪水时，远征军不断受到敌对的卡尔查基斯人的骚扰。再次，还有阿雷纳尔荒原的无人区、拉古纳布兰卡的盐碱地带。最后，还有安第斯山脉。1536 年 3 月，他们开始攀登圣弗朗西斯科山。这座山摧毁了这支军队，经过了 2000 公里的艰苦行军之后，不得不在海拔 4500 米的恶劣天气下睡觉，有时一晚上就有上百个印第安人被冻死。下山后，幸存者终于可以在智利瓦斯科的肥沃山谷中休息。到达海滨之后，他们在海滩上遇到了鲁伊·迪亚兹的船只。从那里，他们向南派出了侦察兵，但只带回了一些令人失望的消息。更进一步向南深入的先遣队是由戈麦斯·德·阿尔瓦拉多·伊孔特雷拉斯（Gómez de Alvarado y Contreras）上尉带领的队伍，他们到达了纽夫莱河，在那里遭到了原住民的猛烈抵抗。

阿尔马格罗明白智利的土地上并没有任何庞大的帝国，只是在恶劣和封闭环境下居住的一些缺乏组织但顽强抵抗外来统治的族群和部落。带着失败的苦涩和库斯科又发生叛乱的慌乱，阿尔马格罗决定踏上归途。

内战时期

皮萨罗认为有必要保留印加皇帝这个重要人物以维持帝国的所有行政机制，从而存续印加主要的政治结构和体系。因此，在图帕克·瓦尔帕死后，阿塔瓦尔帕同父异母的兄弟曼科·卡帕克二世加冕——他从一开始就支持西班牙人，并向其提供军队和情报。此外，两座都城（印加首都库斯科和西班牙临时首都豪哈）都远离海岸，而且所处纬度极高，皮萨罗决定另外寻找地点建立新的首都。他选择了"诸王之城"利马，那是一片位于里马克河畔的小绿洲，靠近天然港口卡亚俄。这次，皮萨罗不再效仿科尔特斯，他在特诺奇蒂特兰的废墟上建立新的首都，保留了阿兹特克政府和西班牙政府延续性中的一个重要元素。作为新的首都，利马的延续性被斩断，弱化了维持印加行政管理最基本的联系；但最重要的是，远离了最难控制地区的政治和军事中心，助长了安第斯山脉潮湿的中部山区的叛乱。另外，新首都将变成西班牙城市文明的典范。它紧邻卡亚俄天然港口，将确保跟巴拿马地峡和另一个大总督辖区新西班牙的联系——这是到达半岛的必经停靠港，因为南方的航行仍然过于动荡和危险。

几个月后，由于战利品分配的争执造成了这片广阔领土上的几支西班牙军队的不和。

曼科·卡帕克二世厌倦了充当傀儡，起兵反抗西班牙人并围攻库斯科。一年之后，直到阿尔马格罗的部队从智利的远征中匆匆返回才阻止了原来的首都重新落入印加人手中。叛乱的印第安人逃到了山区，在曼科·卡帕克二世的儿子蒂图·库西·尤潘基（Titu Cusi Yupanqui）的领导下，集结力量建立了比尔卡班巴王国。西班牙人的内斗和总督府最初几年的政治弱势使这支力量微弱的新印加叛乱政权得以发展。直到 1572 年，这片被包围的原住民领土一直牵制着西班牙军队，这里高

印加帝国的灭亡

迭戈·德·阿尔马格罗,与皮萨罗命运紧密相连者

优秀的指挥员,身上的伤痕和他与印第安人战斗的战士一样多,勇敢、雄心勃勃,没有偏见:这就是征服者迭戈·德·阿尔马格罗的形象。他在1515年到1518年的达连和火地岛战役中积累了丰富的作战经验,后定居巴拿马,并在这里认识了皮萨罗。从此,两人的命运就联系在了一起。

阿尔马格罗和皮萨罗有许多共同点:都是私生子、文盲,都年近50岁,都是由于贫困才来到西印度群岛,会带兵,渴望探索巴拿马以南的领土。然而,阿尔马格罗更善于社交。他长相怪异,身材瘦弱,被印第安人的箭射瞎了一只眼;他性格易怒、变化无常,但有很强的组织能力。这跟堂吉诃德式的性格形成了鲜明对比,皮萨罗谨慎而深思熟虑,更擅长远征行动,而不是解决经济问题、后勤事务和公共关系。他们的前期合作一切顺利,直到《托雷得协议》签署引起了阿尔马格罗的不满。征服秘鲁之后,两位合伙人为确定哪一方对库斯科拥有权力而争吵。1537年远征智利的失败加剧了双方的分歧并引发了西班牙人在秘鲁的第一次冲突。最终,阿尔马格罗被皮萨罗告上法庭并于1538年7月8日被处决。

插图 16世纪佚名版画中的阿尔马格罗。

低起伏的地势和对手的游击战略让西班牙人深感惊讶。

在秘鲁,印第安人的叛乱、内战以及西班牙人之间的怨恨减缓了殖民扩张的步伐。在智利远征军幸存者返回后,阿尔马格罗派日渐不满和失望。趁着印加人围攻库斯科混乱和疲劳之际,阿尔马格罗的军队夺取了这座城市,并要求其统治权。总督的弟弟埃尔南多·皮萨罗被监禁,这引发了敌对行动。在多次谈判和调停未果之后,西班牙人之间的战争变得不可避免。

1538年4月,阿尔马格罗派在拉斯萨利纳斯战役中

被击败，他们的领导人被处决。3 年后，阿尔马格罗和土著女子所生的儿子小迭戈·德·阿尔马格罗（Diego de Almagro "El Mozo"）发誓要为父报仇。他领导着 1538 年战败的残余军队起兵并杀了皮萨罗。然而，阿尔马格罗派的抵抗仅持续了 1 年，在尤卡伊谷地避难时，他们被击溃，小迭戈·德·阿尔马格罗最终在库斯科被公开斩首。

皮萨罗主义者战争的根源在于将实际权力从征服者手中转移到国王的文职官员手中的问题——这是所有西班牙美洲领土上反复上演的一幕。所有通过勇敢征战取得土地者都不承认由朝廷指派的官员，不同意向他们让出任何权力。第一任总督布拉斯科·努涅斯·德·贝拉（Blasco Núñez de Vela）急于推行 1542 年的《新法律》，于 1546 年引发了叛乱。《新法律》有利于印第安人，禁止领主制度并限制第一批征服者的特权。君主责成总督实施法律，但他遭到了与征服者特权紧密相关的领主们和法院官员们的断然拒绝。弗朗西斯科·皮萨罗的弟弟是《托雷得协议》中家族所有既得利益的合法继承人，他感到被抢劫和欺骗了。贡萨洛·皮萨罗（Gonzalo Pizarro）成了所有特权受威胁的西班牙人的领袖，毫不犹豫地跟总督对抗起来。尽管法院进行了例行调解，但布拉斯科·努涅斯·德·贝拉态度强硬。在库斯科，代表委员会指定皮萨罗担任秘鲁行政总长和将军。法院站在皮萨罗派一边，下令逮捕总督并将其遣送回西班牙。然而关押布拉斯科·努涅斯·德·贝拉的法官妥协了，在秘鲁北部将其释放。总督重新组织起军队，在基多附近的伊纳基多发起战役。但总督最终战败并被俘，在经叛军审判后斩首。在巴拿马，军事首领们和皮萨罗派联合起来，王室完全失去了对该总督辖区的控制。

鉴于这些事件，查理一世召集了印度群岛委员会会议，并决定派出佩德罗·德·拉加斯卡神父（Pedro de la Gasca），授予他全部权力以平定总督辖区。抵达巴拿马不久之后，他让该地区驻扎的上尉们宣誓效忠王室。这确实是一记重拳：仅靠说服就赢得了第一次战略性的战役，从而阻断了皮萨罗和半岛的所有交流，并让敌人内部产生分歧。由此开始了漫长的书信往来和密使交流，但双方并没有达成任何协议。最后，拉加斯卡决定派遣 4 艘船和 300 名武装人员。贡萨洛认为在的

> 印加帝国的灭亡

的喀喀湖附近的瓦里纳可以击溃皇家部队。但这只是一次灵活的牵制性攻击，实际上，拉加斯卡带领着 2000 名参加过巴尔迪维亚、贝纳尔卡萨或森特诺冒险的士兵和上尉们北上直抵库斯科。在亚基亚瓦纳的短暂攻击，为皮萨罗派投降拉开序幕。4 月 9 日，贡萨洛·皮萨罗被处决，并被埋葬在库斯的科默塞德教堂，在他永远的合伙人和家族的敌人阿尔马格罗一家人的旁边。

佩德罗·德·拉加斯卡的胜利标志着平民和皇家权力对第一批征服者的权力和特权的胜利。这一胜利同时也昭示了只有君主才能分配土地和制定法律。尽管在实施中有细微差别，但《新法律》承认印第安人和王室其他子民之间的权利平等。然而，新的法律并没能完全消除领主制度。法院权威重新确立起来，皮萨罗的军队被打败，拉加斯卡回到了西班牙，把利马留给新总督、皇家官员安东尼奥·蒙多萨，他曾在墨西哥任职，并在秘鲁最终确立了总督权力。

巴尔迪维亚在智利

正如阿尔马格罗远征的失败所证明的那样，智利领土的征服十分困难，几乎难以克服：极其复杂的地理环境（北部是广阔的沿海沙岸和辽阔的沙漠，南部是密林和大面积的永久性冰川，中部是肥沃的谷地，所有这些都分布在介于海洋和安第斯山脉之间的狭长地带上），以及与之相应的居住环境。此外，由于远离政治和供应中心（利马），以及本地部族众多，差别很大且缺乏政治上的统一性，他们从未受过西班牙的入侵，这些都让智利的统治非常复杂，因此平定智利也非常晚。

第二次尝试征服智利的是一位曾在帝国军队服役，在意大利和佛拉芒战场上征战过的优秀士兵。佩德罗·德·巴尔迪维亚（Pedro de Valdivia）来自埃斯特雷马杜尔，于 1535 年来到新世界。他多次证明了对总督弗朗西斯科·皮萨罗的忠诚，在与迭戈·德·阿尔马格罗部队对抗的拉斯萨利纳斯战役（1538）中，他终于成为团长。内战结束后，巴尔迪维亚得到了玻利维亚的领地和波科的一座银矿。然而，在富足平静的领主生活以外，他还对智利充满渴望，1539 年，他向皮萨罗总督提出继续征服智利的请求并获得准许。皮萨罗试图劝阻，但巴尔迪维亚执意前往，并

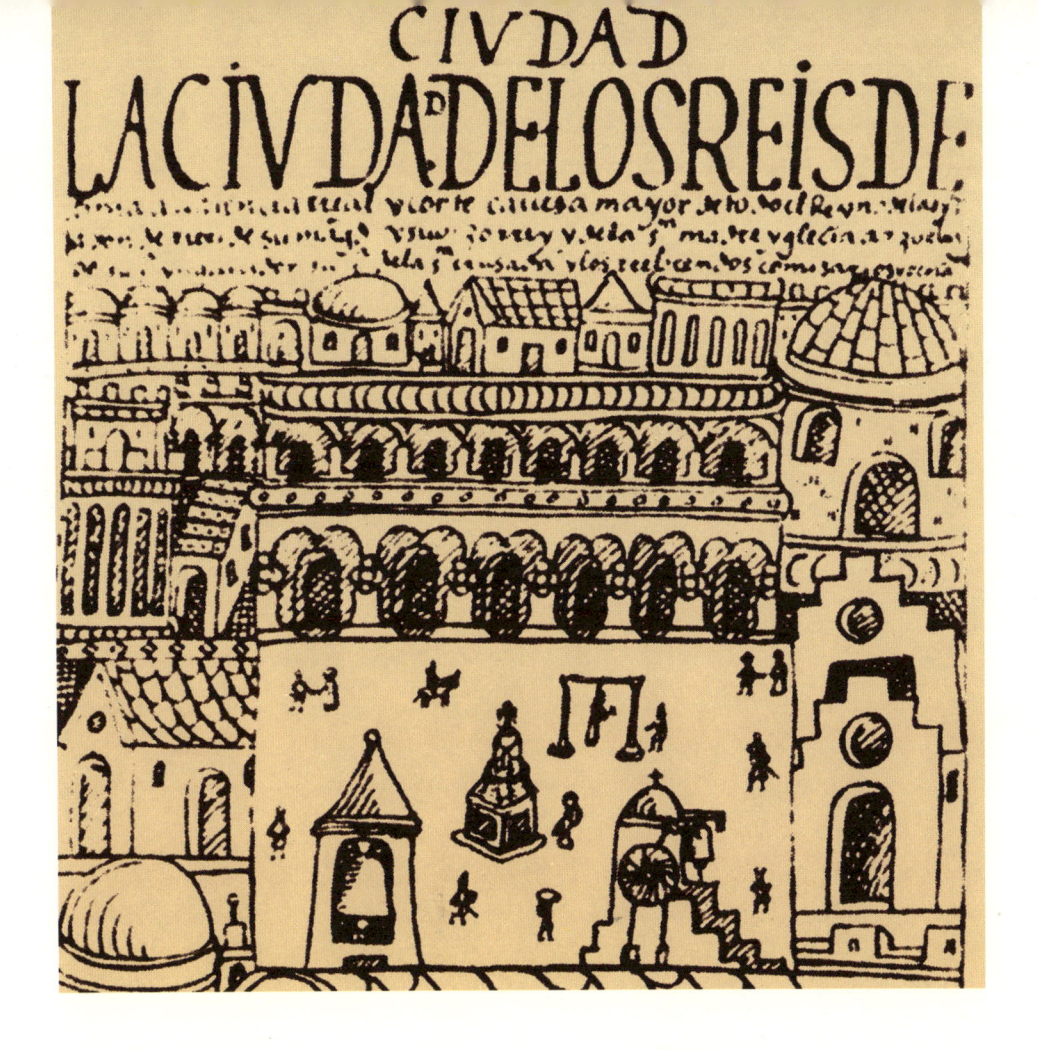

投入了所有的积蓄筹备远征。

事实证明，人员招募非常困难。其实，阿尔马格罗征程异常艰苦的传言仍在继续，而且秘鲁的士兵本来就很少；此外，其计划的合法性也值得怀疑，因为皮萨罗的前秘书桑乔·德拉·霍斯（Pedro Sancho de la Hoz）已经带着查理一世授权征服南方土地的协议去了库斯科。在皮萨罗的建议下，两人决定联合起来。双方达成一致：巴尔迪维亚先出发，4 个月之后桑乔·德拉·霍斯将带着满载物资和食物的两艘船赶到。

诸王之城

这是利马在 1535 年 1 月 18 日建城之时的名字，可能是因为与主显节，即三王来朝节的日期非常接近而得名。这片地区位于阿普里马克河畔，濒临太平洋，被伊克玛封地上的部落所占领。在 13 世纪时，他们被乌阿里帝国统治，这个帝国的消亡催生了钱凯文化，1470 年左右，这片土地落入印加人手中。皮萨罗选择了靠近海岸的地方是因为其战略位置、肥沃的土壤和温和的气候。1615 年，费利佩·关曼·波马·德·阿亚拉在他的《新编年史和好政府》一书中复制了这幅利马繁华的马约尔广场的版画。

北安第斯人的黄金文化

大海、河流、山谷和安第斯高原、树林和森林为几个世纪前来到现在哥伦比亚的人们提供了理想的安身之地；他们在这里安居，他们的文化在这里扎根。农民和渔民划分出独立的小领地，在这里进行生产。几乎所有的安第斯部落都在这个地区开发丰富的金矿，从公元后的最初几个世纪开始，他们的金银制品就达到了先进水平。西班牙人的到来打破了安第斯艺术的发展，也打破了这些部族的生活；对黄金的渴望使无数人成为受害者。

现代哥伦比亚的安第斯文化

除了精美的黄金制品之外，圣奥古斯丁和蒂拉登特洛还因其仪式中心和带有多彩装饰的地下建筑而著称。

鼻环是印第安酋长的日常饰品之一，同时也是所有男人和女人的日常饰品，即使地位卑微者也不例外。鼻环的款式多样，有简单的黄金或黄铜的圆环形或半月形，也有螺旋状或绳索装饰的动物造型。

波波罗瓶是这条平滑网状项链的中心图案。这一容器被用来储存碱性物质，当与古柯叶混合时，就产生了古柯咀嚼物，这是魔法或宗教仪式中使用的一种重要物质。人们使用瓶子上面的棍子把它送到嘴里。

黄金人像是钦巴雅族宝藏的一部分，该作品刻画的是一位坐在宝座上的酋长。这样精美的器物在瓦卡斯（与这种文化有关的墓葬）比比皆是，因为和埃及人一样，安第斯人在埋葬死者时要放置非常丰富的陪葬品（现藏于马德里美洲博物馆）。

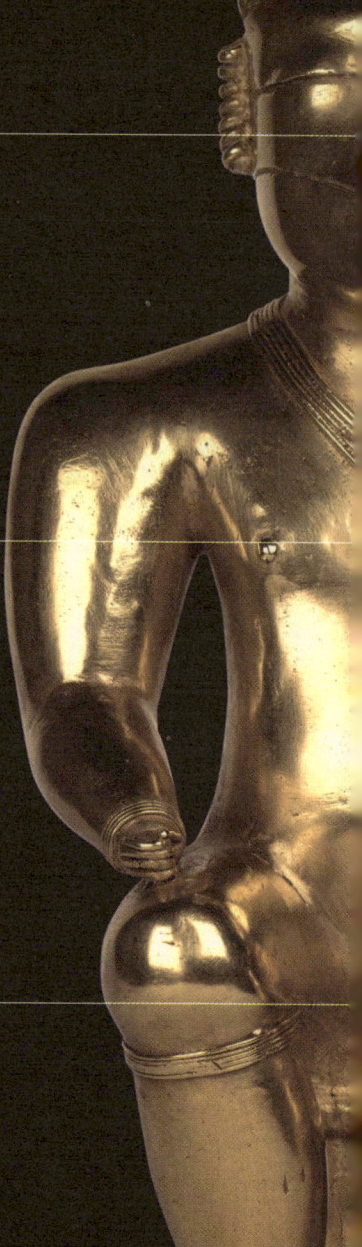

这样的耳坠很常见，在安第斯墓地发现的这种耳坠数以千计。在每种文化中，耳坠的形状都不同，钦巴雅族喜欢非常厚重的圆形，有时饰有绦子。

制作中使用了失蜡浇铸技术：用蜡做成模型，然后再用黏土将其包敷，借助漏斗把熔化的金属灌注进去，蜡熔化并流失，而金属溶液具有了其形状。

安第斯人加工金子的方式是把冲击层的天然块金放在熔化锅中，然后将其放置在耐高温的陶瓷炉中，以1063℃高温熔化。他们也使用合金和被称作"顿巴伽"的黄铜，这种黄铜更廉价。

奢华的金银制品

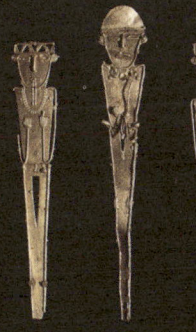

穆伊斯卡人的陪葬金器 在坎迪博亚森斯地区的阿尔蒂普拉诺高原上，穆伊斯卡人会制作陪葬的金器，用锤金装饰的还愿物。上图这些物件可以追溯到11世纪（现藏于波哥大黄金博物馆）。

泰罗纳勇士 这个顿巴伽黄铜雕像刻画了一个戴着13世纪仪式头冠的勇士，作品来自圣玛尔塔内华达山脉（私人收藏）。

托利马胸牌 10世纪时，托利马文化中锤金镂空胸牌上加冕的酋长雕像（现藏于波哥大黄金博物馆）。

■ 印加帝国的灭亡

印加王朝和西班牙国王们

西班牙王室通过卡斯蒂利亚法律，管理印第安王室后代权力的继承，并要求酋长和君主以正式的仪式成为西班牙国王的臣民。

印加王朝开始于传说中的曼科·卡帕克（Manco Cápac）和玛玛·奥克略（Mama Ocllo），他们是印加王朝的缔造者，从1200年开始统治安第斯山脉。曼科之后有8位继承者，直到帕查库特克，也就是西班牙人所知道的印加帝国的缔造者。在皮萨罗的胁迫下，阿塔瓦尔帕承认自己是西班牙国王的臣民，印加王国因此成为西班牙的领土。西班牙几代国王一直寻求印加王朝的延续，这是一种征服的合法化。这样的情况一直持续到秘鲁独立——尽管从1537年起，在比尔卡班巴神圣的土地上就存在着反政府的印加王国，直到1572年还未被打败。1780年，爆发了一场由图帕克·阿马鲁二世领导的新的但短暂的叛乱。共和国的独立肃清了所有印加政治延续的残余。这幅18世纪的西班牙木版油画描绘出印加历代皇帝和从查理一世到斐迪南德六世的西班牙国王的形象。

奥雷洪人（大耳朵）

这是西班牙人对印加贵族的称呼：他们戴着沉重的金耳环作为饰品，很好辨认。这是一个银制奥雷洪人小雕像，镶嵌有黄金和珊瑚，作品可以追溯到15世纪（现藏于柏林人种学博物馆）。

1540年1月底，巴尔迪维亚带着8名士兵、1名15岁的男孩儿、情妇伊内斯·苏亚雷斯（Inès Suárez）和1000名印第安搬运工从库斯科出发。为了避免穿越安第斯山脉，他前往阿雷基帕，从这里进入南部领土。在抵达阿塔卡马沙漠的门户塔拉帕卡后，他决定在带着这样一支小部队冒险进入世界上最干旱的沙漠之前，等待伙伴的增援。但桑乔并没有来。几支单独出行的征服者队伍逐渐加入了他们的行列，他们都是在行动失败后听说了对智利的远征，决定跟着巴尔迪维亚试试运气。其中一些人是巴尔迪维亚以前的同伴，包括经验丰富的征服者杰罗尼莫·德·奥尔德雷特（Gerónimo de Alderete）、弗朗西斯科·德·比利亚格拉（Francisco de Villagra）、胡安·朱弗雷（Juan

Jufré）和约翰·冯·博洪（Johann von Bohon）。这些队伍联合起来，共有 154 名西班牙人。他们进入了阿塔卡马沙漠，但复杂的地形迫使他们的行程暂停了两个月。趁着这段时间，巴尔迪维亚派出几支侦察小分队，并与另外一名伙伴弗朗西斯科·德·阿吉雷（Francisco de Aguirre）会合，阿吉雷还带领着 20 名士兵。就在那时，桑乔·德拉·霍斯的阴谋败露了，他试图谋杀巴尔迪维亚以独自领导征服智利。

8 月中旬，由已经跟着阿尔马格罗考察过该地区的安东尼奥·隆东（Antonio Rondón）修士做向导，他们继续向南行进。他们到达了肥沃而壮观的科皮亚波谷地，巴尔迪维亚决定将其命名为"占有谷"，这片领土的其余部分

■ 印加帝国的灭亡

征服智利：从巴尔迪维亚到帕斯特内

　　从一开始，智利对西班牙人来说就是一片充满敌意的领土，因为智利的地理环境复杂，而且其部落具有侵略性。阿尔马格罗和巴尔迪维亚是最早试图征服它的人。与其他许多上尉，还有总督马丁·加西亚·欧涅兹·德·洛约拉 (Martín García Óñez de Loyola) 一样，巴尔迪维亚于1553年在攻打印第安人的过程中战死。

智利征服者 佩德罗·德·巴尔迪维亚（1728年的西班牙版画）。

命名为"新埃斯特雷马杜拉"。正是在这里,他遭受了印第安人的第一次袭击,队伍遭受了第一次伤亡。远征队继续行军到达土著城市科金博,接着抵达美丽的迈坡谷,1514年2月12日,巴尔迪维亚在这里建立了智利的第一个西班牙城市圣地亚哥-德拉新埃斯特雷马杜拉。当时已有400名印第安搬运工逃跑,而美洲印第安人的攻击还在持续不断。

对北方的依赖

圣地亚哥成为继续征服的一个小型基地。巴尔迪维亚试图通过选举市政委员会并承认他的总督地位为其未来行动奠定法律基础——利马政局风云多变,应尽可能

阿塔卡马沙漠

这片沙漠位于智利北部,在太平洋沿岸和安第斯山脉之间,是世界上最干旱的地区。尽管如此,自人类进入这片大陆以来,就一直有人在这里居住,如阿塔卡梅宁人、卡曼查科人和路帕卡斯人。在印加时代,这里属于科利亚苏尤省。阿塔卡马沙漠不仅有迷人的景色,还富有金、铜、银、铁和其他矿藏。巴尔迪维亚曾在安东尼奥·隆东修士的支持下成功穿越这个干旱地带,这是他最伟大的功绩。

■ 印加帝国的灭亡

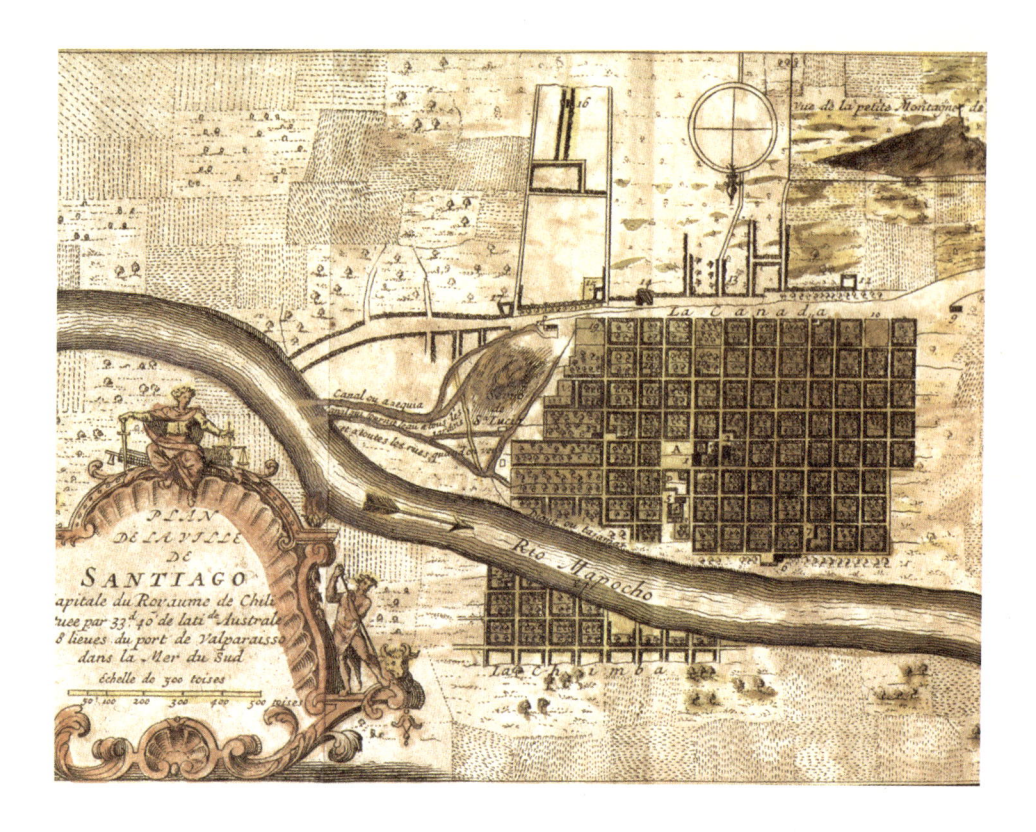

圣地亚哥

　　1541年2月12日，佩德罗·德·巴尔迪维亚与该地区原住民皮昆什人达成了和平共治协定之后，建立了这座城市，并命名为圣地亚哥-德拉新埃斯特雷马杜拉。巴尔迪维亚委托建筑师佩德罗·德·甘博亚（Pedro de Gamboa）设计城市的布局，该城市围绕大型中央广场设计为棋盘式布局，仿照西班牙在美洲的城市模式。这幅1717年的版画非常准确地呈现了原始规划，背景是美洲印第安人称为"韦伦"的圣卢西亚山。

避免完全的依赖。与此同时，随着弗朗西斯科·皮萨罗被杀，秘鲁的历史发展进程正在加快。

　　然而，对于北方的物质依赖变得不可避免：总是需要更多的人力、食物和装备，这些东西只能来自秘鲁。因此，巴尔迪维亚命令建造双桅船以保持与利马的海上交通。这条与秘鲁相连的"脐带"，在整个智利的征服和统治过程中都将是一条重要的纽带。

　　原住民的不断反抗，特别是来自藏身在山区的米奇马隆科酋长的攻击，增加了西班牙人的困难，也加重了他们的孤立感。1541年9月10日至11日夜间，圣地亚哥营地遭到破坏。所有这些事件大大延迟了对这片领土的征服，迫使巴尔迪维亚派遣副官阿隆索·德·蒙罗伊（Alonso de Monroy）到秘鲁寻求帮助。

1543年，蒙罗伊派来了少量人员，于是巴尔迪维亚命令波洪（Bohon）带领一支小分队在科金博谷地建立拉塞雷纳。在接下来的冬季，胡安·巴蒂斯特·帕斯特内（Juan Bautista Pastene）的船只带着物资和补给正好来到这里，这使沿海的探险得以继续，一直到了奇洛埃岛。同时，比利亚格拉率领的一支陆路远征军前往南方。然而，西班牙人越向南推进，原住民表现得越有敌意。因此，1545年9月，巴尔迪维亚又派遣蒙罗伊去秘鲁寻求支援。

1546年，事情变得更加复杂：南下的远征军被比奥比奥河逼退，秘鲁总督布拉斯科·努涅斯·德·贝拉被谋杀后，秘鲁陷入混乱。巴尔迪维亚意识到其统治的稳定依赖于利马的稳定，于是决定向新到任的临时总督佩德罗·德拉·加斯卡献殷勤。他拟订了筹集资金的计划：在一个大型的聚会上，他聚集了所有希望离开智利的征服者（即他们中的大部分人）；他让他们把所有的财产都装上船，在他们等待告别晚餐的时候，巴尔迪维亚独自登船，向北航行，把这些人两手空空地留在了原地。

在秘鲁，巴尔迪维亚在亚基亚瓦纳战役（1548）中对击败贡萨洛·皮萨罗做出了决定性贡献，加斯卡为了奖励他，任命其为智利总督和上将。在登船之前，他必须向法庭交代"窃取"智利征服者财产一事。然而审判的结论是，他的行为是合理的。严格的拉加斯卡神父建议他作为总督应该有良好的公众形象，于是巴尔迪维亚不得不离开情妇伊内斯，回到他的妻子（他在西班牙抛弃了她）身边。回到圣地亚哥后，他得知由于比利亚格拉的干预，桑乔·德拉·霍斯的又一个阴谋败露。

由于坠马，巴尔迪维亚几个月不能动弹，于是他紧急派出了弗朗西斯科·德·乌略亚领导的一支海上侦察队。

马普切人的胸甲

马普切人，被西班牙人称为"阿劳坎人"的民族，至今依然生活在智利南部和阿根廷。这套银制胸甲可以追溯到19世纪末（现由纽约大卫·伯恩斯坦收藏）。

■ 印加帝国的灭亡

《阿劳加纳》（*La Araucana*），阿隆索·德·埃尔西拉（Alonso de Ercilla）的伟大史诗

阿隆索·德·埃尔西拉，1533年出生于马德里，是比斯凯省贝尔梅奥一个贵族家庭的儿子。他是文艺复兴时期的象征性人物，在菲利普二世的皇宫里长大，极有教养。他放弃了王室侍从或国王侍从这样安稳的军事前途，而去参加了风云多变的智利征服战。

埃尔西拉对宫廷里讲述的关于土著人抵抗的故事非常着迷，于1556年乘船前往智利的土地。在智利，他成了一名上尉，并在两年多的时间里参加了针对马普切人的残酷战争。他参加了拉古尼亚斯、基亚波和米拉拉普埃的战斗，目睹了伟大的阿劳坎首领考波利坎被西班牙人以尖桩刑处死。他也是雷隆卡维河口探险队成员之一，他在一棵树上刻下了一首诗，永远铭记他曾踏足普鲁奇岛。智利当地人的抵抗和斗争精神给他留下了深刻印象，以至于他把西班牙文学中最伟大的史诗献给了他们。这就是叙事长诗《阿劳加纳》，其第一部分于1569年出版。第二部分在9年后出版，第三部分也就是最后一部分于1589年出版。《阿劳加纳》是诗歌、历史和反思的糅合，作品的叙事采用了美洲的视角，是来自大洋彼岸的自我审视；该作品因此被认为是西班牙美洲文学的奠基之作。巴勃罗·聂鲁达（Pablo Neruda）评价埃尔西拉为智利的缔造者，塞万提斯（Cervantès）赞颂了这部作品，并在《堂吉诃德》（*Don Quichotte*）中引用了埃尔西拉的诗句。诗人于1594年在托雷得城的奥卡尼亚镇去世。

插图 18世纪F.萨尔玛的版画作品。

由此，西班牙人开始了解太平洋沿岸。1550年年初，他从南部发起了征服战役。他渡过比奥比奥河，在安达利安击败了原住民，建立了康塞普西翁，并进入了充满敌意的马普切人领地，于1552年4月在这里建立了拉因佩里亚尔、巴尔迪维亚和比亚里卡。回到圣地亚哥后，巴尔迪维亚派在山另一边的弗朗西斯科·德·阿吉雷前往图库曼。1553年，他回到南方与马普切人作战，并建造了阿劳科堡垒，以确保康塞普西翁和拉因佩里亚尔之间的交通。此后不久，他又建造了其他堡垒（图卡佩尔和普伦），作为新城市洛贡费斯（今安戈尔）移民者的避难所。1553年12月，马普切人发动起义，图卡佩尔堡垒遭到了破坏。此时，在土著人中涌现出一位机敏的首领劳塔罗，能够将各个部落集中起来，并且懂得如何与西班牙人作战。

巴尔迪维亚在康塞普西翁定居后，决定亲自攻打图卡佩尔废墟之上的印第安人。12月25日，他的军队遭到劳塔罗部队的猛攻，一记木棍重击夺去了他的生命。控制肥沃的中央谷地最南端的土地始终是艰难的，从人力和物力上来说付出的代价非常大。尽管建立了巴尔迪维亚（1567）和奥索尔诺（1558）等南部城市，但智利南部仍如同一座堡垒难以攻克，这里顽强的马普切人从不接受西班牙人，并与他们进行长期的谈判。

档案：太阳之子帝国

档案：太阳之子帝国

塔万廷苏尤是帕南丁最伟大的政治建筑，这是一个广袤的王国，由强大的王子——太阳之子——印加皇帝统治。

在15世纪，印加帝国是一个多种族和多元文化的国家。它涵盖了从哥伦比亚南部到智利北部和阿根廷西北部辽阔的领土。公元500年到1000年，在高原地区出现了两个权力中心：靠近现在阿亚库乔市的乌阿里帝国和的的喀喀湖畔的蒂瓦纳科帝国，这两个帝国的城市和军事特征影响了接下来几个世纪的印加人。在10世纪左右，这些国家开始衰落，而沿海国家，如奇穆王国或万卡韦利卡王国的发展则达到了政治和经济的稳定期。

统一的力量来自库斯科。大约1200年，在控制了库斯科临近部落之后，曼科·卡帕克自封为这个还缺乏国家概念的政治实体的第一领导者。他和他的姐姐及妻子玛玛·奥克略一起开创了胡林·库斯科王朝。

印加的军事扩张发生在15世纪的帕查库特克和图帕克·尤潘基统治时期。被征服的广阔领土被分成4个苏尤，每个苏尤由一个王室家族领导。帝国的最高统治者是印加皇帝，他是神的后裔，因此被赋予了宗教权力。库斯科既是首都，也是王宫和神殿所在地，是塔万廷苏尤的心脏，是连接山区、森林和海岸的密集皇家道路网络的中心。

国家与宗教

帝国的扩张导致了宗教一元化，印加政权的国家理念就是建立在此基础之上的。帝国的神是因蒂，也就是说太阳神是他们的守护神，赋予他们生命，是他们的父亲或印加王朝神秘的祖先。因此，统治者被认为是太阳神的儿子，具有神性。另一位安第斯神是创世神维拉科嘉，是教化他们的英雄——他来自西方，使命一旦完成就

马丘比丘（左侧） 安第斯山的两座山峰，华纳比丘（"年轻的山峰"）和马丘比丘（"古老的山峰"）似乎在注视着这座城市。

档案：太阳之子帝国

塔万廷苏尤的主人

1438—1471

帕查库特克 他开始了印加帝国的伟大扩张，建立了塔万廷苏尤。他征服了秘鲁的阿尔蒂普拉诺高原和今天厄瓜多尔的一部分地区。

1471—1493

图帕克·尤潘基 他继续进行帝国的扩张，征服了现在的智利北部、玻利维亚和阿根廷的领土。

1493—1525

瓦伊纳·卡帕克 父亲图帕克·尤潘基死后，他就登上了王位，那时他尚年幼。他把塔万廷苏尤的领土扩张到最大。

1525—1532

华斯卡 在瓦伊纳死后，他被选为印加皇帝。他的弟弟阿塔瓦尔帕发动起义反对他。他后来被处决。

1532—1533

阿塔瓦尔帕 在皮萨罗及其军队开始征服秘鲁时，他占据了皇帝的宝座。在皮萨罗的命令下，他被处决。

花瓶 印加木制彩色花瓶，圆锥台形，属于安第斯文化典型的花瓶造型（现藏于纽约布鲁克林博物馆）。

从海上消失。皮萨罗的到来就被认为是预言中随时都会回来的维拉科嘉神的回归。

因蒂和维拉科嘉是对立而互补的：前者是主宰上界（太阳、天、山峰、火等）的神，而后者是掌管下界（大地、水、人）的神。在安第斯诸神中，月亮之神、星辰之神、雷电之神以及尤其是大地之神（即主管生育和农业生产之神帕查玛玛）等神灵同样占有重要的地位。

帝国的运行

帝国复杂的经济和行政体系需要发展出适用于大部分库斯科贵族成员的庞大官僚网络。然而，领土的扩张和帝国迅速吸纳的大量村庄迫使本地贵族必须合作。因此许多地区酋长（即库拉卡斯）归属他们所管理的种族社区，尤其是在高原地区。尽管如此，帝国的官僚机构依然集中在大城市中心，如帕里亚、皮萨克、瓦努科-帕姆帕、威尔卡-瓦曼城、奥扬泰坦博或图米-帕姆帕，它们都是建立在皇家道路沿线的城市。生活在印加帝国的种族发展出了一种典型的安第斯分散居住模式。在这种模式下，几个家庭为一组，组成一个阿鲁伊，拥有一大块可耕种的土地，耕地距离主要村庄三天或四天步行的路程。其他安第斯移民则饲养羊驼，采盐，种植古柯或砍伐树木。每个阿鲁伊的土地都有部分

高山上的梯田　这片壮观的圆形剧场式梯田位于印加圣谷的莫瑞。

是集体耕种,另一部分共同土地则属于印加皇帝和太阳神。

每隔一段时间,各家之间就会重新分配图普(即可耕种土地),以适应人口的变化。这种制度使多样性的资源得以共享;因此,即使人们在定居的土地上没有足够多样化的农产品,也可以获得不同的产品。

库斯科贵族还把政策的执行工作交给地方酋长,如组织轮流劳役(强制的社区劳动)等。只有单身者才缴纳贡赋;向国家缴纳的其他赋税通常以完成社区任务来替代:包括参与宗教仪式、各种建设劳动、古柯和玉米的种植、服兵役以及采矿和采盐等。

帝国的扩张和过度的苦役,特别是军事负担,使许多社区内部产生了紧张关系,并破坏了生态互补和家庭或种族的和谐。遥远的距离、军事需求、强制的迁出和移民,以及帝国的官僚统治,使移民者无法与其家庭保持联系。在西班牙人到来之前不久,许多人口已经与他们的原生族群断了联系,完全为国家、印加皇帝或库拉卡斯服役。

档案：太阳之子帝国

这些直接为印加皇帝或当地酋长服务的仆从被称作"亚纳斯"或"亚纳科纳斯"（男性）和"阿克拉斯"（女性）。传统安第斯社会组织的瓦解和撕裂是塔万廷苏尤迅速衰败的原因之一。

塔万廷苏尤

印加帝国的加速发展导致了一系列危机，其中最严重的危机发生在1529年至1532年，最后一位伟大的印加皇帝瓦伊纳·卡帕克的儿子华斯卡和阿塔瓦尔帕兄弟之间发生了战争。瓦伊纳·卡帕克限制了库拉卡斯的权力，以便将其集中在库斯科贵族的手中。库斯科的贵族是印加皇帝的家族成员或与印加皇帝有着复杂亲缘关系的群体，传统上他们占据着国家宗教、非宗教和军事上的最高职位。

库斯科是帝国的首都，也是最大的政治和宗教中心，随着领土的扩张而远离了地理上的边境。从这个逻辑来看，首都越来越难以控制边远的库拉卡斯也不足为奇。鉴于查尔卡斯或者基多等地区叛乱频发，于是不得不建立一支常态化的职业军队，由此产生了军队指挥和库斯科贵族争权的斗争。

因此，瓦伊纳·卡帕克必须赋予那些忠诚于他又远在边疆的库拉卡斯一定的自治权或者部分参政权。为此，他在托梅班巴（现在的昆卡、厄瓜多尔）建立了第二首都，便于控制北方的不稳定地区，并在那里度过了他生命中最后的岁月。

由习惯和行为迥异的精英主导的两个城市之间的权力分化很快变得尤为明显。此外，维持两个首都、两个宫廷和负责两处军事、政治和宗教事务的贵族阶层，意味着难以承受的沉重税收负担，这使许多村庄陷入瘫痪，并破坏了传统的社区基础。

瓦伊纳·卡帕克的继任者华斯卡于1525年当选为新的印加皇帝，他不能容忍领土的分裂，最终爆发了手足相残的战争。华斯卡不信任他的弟弟（定居在北方并逐渐赢得了一些将军的支持），要求他迁回库斯科的宫廷。阿塔瓦尔帕却担心落入圈套，在托梅班巴贵族的支持下起来造反。

这场残酷的战争毁坏了村庄和庄稼，也引燃了安第斯族群和家族内部长期以来的仇恨。当阿塔瓦尔帕和他的将军们庆祝胜利的时候，弗朗西斯科·皮萨罗在通贝斯登陆，标志着太阳之子帝国末日的到来。

印加的葬礼仪式：木乃伊化

对于印加人而言，死亡是向另一次生命的过渡。他们不相信复活，但确信卡马昆（生命力、灵魂）不会消失，而是会在木乃伊、动物身上，在丘陵、湖泊或者庙宇等地继续存在。他们对待死者如同对待活着的人，并赋予皇帝和达官贵人的尸身以神奇的预言能力。这种生命力使天地万物充满活力，使整个安第斯世界具有神圣的特性，是真正的精神力量。这种信仰要求完好保存死者的尸体，由此产生了制作木乃伊的技术，这些技术根据地区和死者身份的不同而有所差异。在如帕拉卡斯、纳斯卡或者阿塔卡马的沙漠地区，人们把尸体放在太阳下晒干；而在安第斯山脉寒冷、缺氧和潮湿的环境下，木乃伊会自然风干。印加皇帝、皇家成员和库拉卡斯的尸体都被制成精致的木乃伊。人体组织被替换成黏土，骨骼通过坚实的材料来加固；接着尸体被熏烤，敷上沥青、玉米油、香脂或者其他树脂，并填充防腐植物。木乃伊被放置在其阿伊鲁或家族其他死者旁边。

插图 上图：库斯科附近的坦博马恰伊的木乃伊壁龛。右图：冰冻少女，约翰·莱因哈德（Johan Reinhard）在安帕托峰（海拔6000多米）的冰雪中发现了这具约12岁女孩儿的木乃伊。

档案：太阳之子帝国

马丘比丘，隐匿之城

这座印加古城位于海拔约 2400 米的地方，于 1911 年被海勒姆·宾厄姆考古队发现。帕查库特克于 15 世纪在乌鲁班巴山谷森林环绕之处建起了这座神秘的城市。

拴日石　"用来系住太阳的石头"。在古城最高点这个神奇的地方，有一块刻在岩石上的四角形石碑，做日晷仪使用。这座天文观测台可以计算二至点和二分点，是举行祭祀的地方，人们至今依然认为它具有特殊且神秘的生命能量。

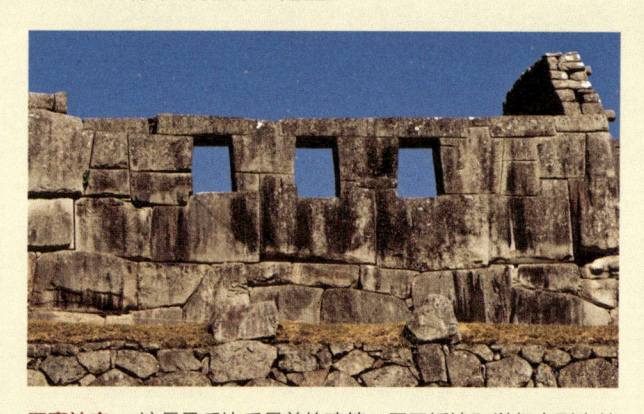

三窗神庙　这是马丘比丘最美的建筑，用于祈祷和举行大型宗教仪式。像主神庙一样，它朝向神圣的广场。它的特点是墙体由大块的多边形石头砌成，犹如大型拼图；另一个特点是拥有3扇梯形窗户。印加人赋予了数字"3"神奇的意义，他们的宇宙观正基于三位一体这一概念。神庙附近是大祭司的房子。

❶ **上区**　这里是居住区之一，同时也是工匠作坊的所在地。

❸ **主广场**　古城唯一的平坦区域，它把这座城市分为两个部分。

❺ **下城**　这里的房子围绕着广场排列，很有可能是工业区和服务区。

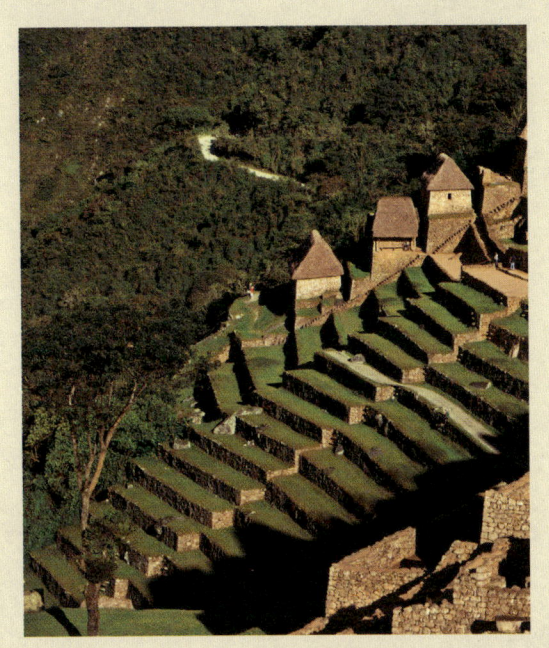

梯田　梯田由长达20米、高4米的石墙构建而成。修好的梯田用石头、黏土和种植土回填，这样有利于排水，并可获得更好的收成。这些梯田很有可能一直被耕种到20世纪初。

❷ **皇家宫殿**　人们认为这是印加皇帝的住所，因为这里有一座私家花园，配有浴室和侍卫的房子。

❹ **上城**　上城依托天然的悬崖而建，占据了优越的位置，是国王、祭司、高级官员和贵族的所在。

❻ **公主的宫殿**　社会上层精英的住所，事实上，它也是供毗连的神庙祭司使用的住宅。

太阳神庙　神庙由设有两根侧柱的大门进入。神庙的墙上有一个双门的梯形开口，在夏至举行仪式的时候使用。托雷翁是神庙的主要建筑，其下方有一座带有多个壁龛的石穴，看起来像皇家陵墓，很可能是帕查库特克皇帝的墓冢。

137

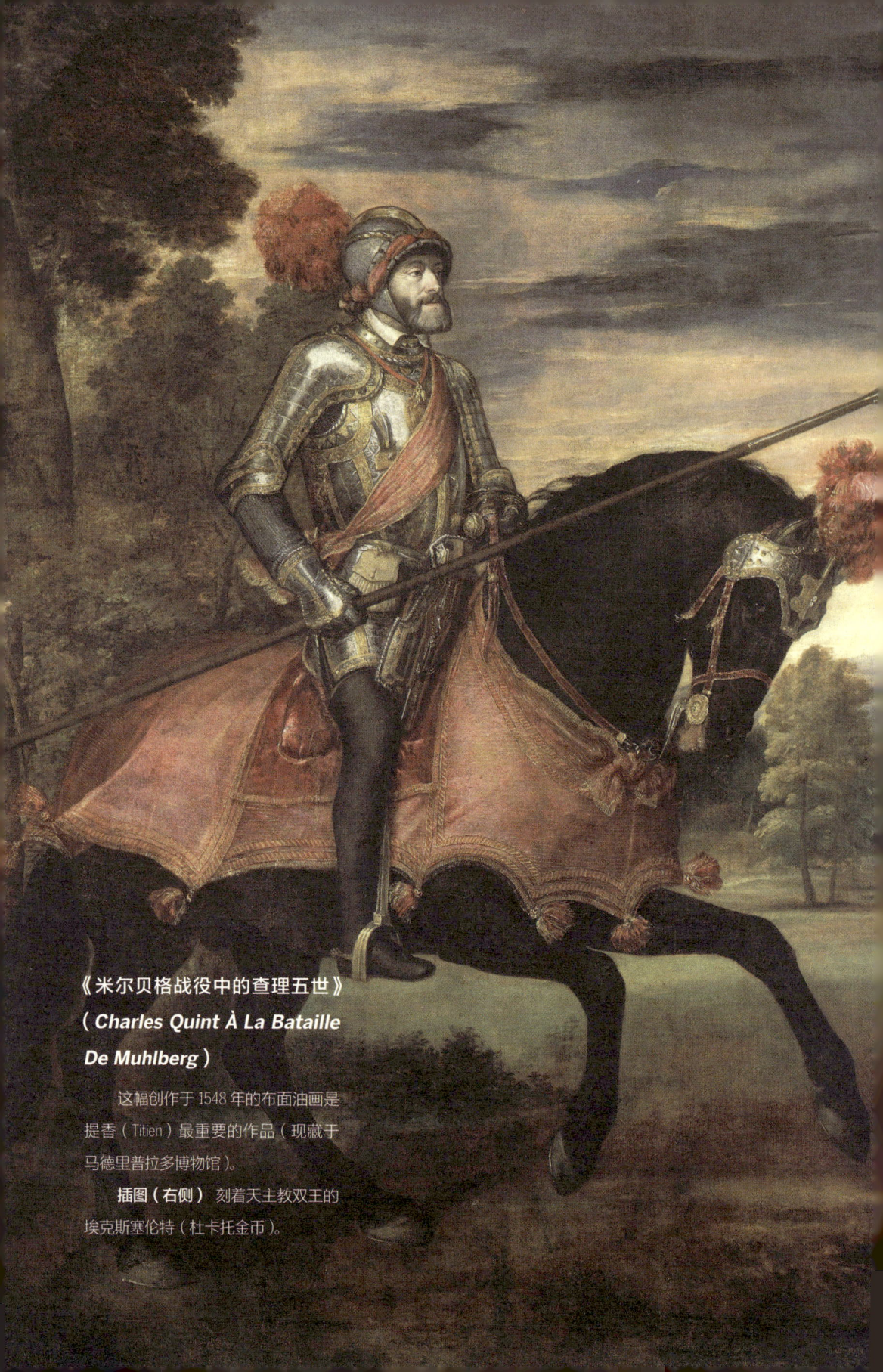

《米尔贝格战役中的查理五世》
(*Charles Quint À La Bataille De Muhlberg*)

这幅创作于 1548 年的布面油画是提香(Titien)最重要的作品(现藏于马德里普拉多博物馆)。

插图(右侧) 刻着天主教双王的埃克斯塞伦特(杜卡托金币)。

第一个全球性帝国

1469 年，天主教国王的联姻标志着西班牙从中世纪向文艺复兴时期的过渡，结束了卡斯蒂利亚王国和阿拉贡王国之间的冲突，并将两个伟大的西班牙王国的遗产重新整合后置于特拉斯塔马雷家族的统治之下。1492 年，占领格拉纳达意味着重新征服前西哥特君主国领土的"收复失地运动"结束，而对犹太人的驱逐则标志着对基督教信仰的认同。

伊萨伯拉是卡斯蒂利亚王国的女王，斐迪南是阿拉贡、撒丁岛和西西里岛的国王。虽然两个王室通过婚姻结合在一起，但它们的领土从未合并过。尽管如此，夫妇二人无疑启动了扩张的进程，并将帝国的理念引入了新生的国家。

格拉纳达战争标志着帝国扩张计划的开始，此计划还包括占领加那利群岛、发现的新领土、法国割让鲁西荣和赛尔达尼（1493）、尼古拉斯·德·奥万多的殖

西班牙帝国的诞生

1516

查理一世被宣布为西班牙国王 他是第一个得到卡斯蒂利亚、阿拉贡和纳瓦尔王冠的人,此外,他还统治着新发现的印度群岛的领土。

1520

查理皇帝 他以查理五世的名义登上了神圣罗马帝国的王位。

1525

帕维亚之战 查理五世击败了弗朗索瓦一世,并将其俘虏。

1527—1530

罗马被攻陷 皇帝的军队进入罗马。3年后,教皇克莱门特七世在博洛尼亚为查理五世加冕。

1544—1547

查理五世与法国达成《克雷皮和约》 施马卡尔登新教联盟向查理五世宣战。1547年4月24日,帝国在米尔贝格战役中取得重大胜利。

1555—1556

《奥格斯堡和约》 反对新教徒的战争结束。查理退位,将帝国的统治权交给他的兄弟斐迪南,将西印度群岛和西班牙的统治权交给他的儿子腓力二世。

西班牙帝国:查理一世继承的遗产

作为卡斯蒂利亚王国胡安娜一世和美男子腓力一世的儿子,查理10多岁就继承了广阔的领土。实际上,在一系列复杂情况的共同作用之下,查理一世才继承了这些遗产。

胡安娜是卡斯蒂利亚王国的伊萨伯拉和阿拉贡王国的斐迪南的第三个女儿,在哥哥胡安、姐姐葡萄牙王后伊萨伯拉以及她的儿子米格尔早逝后,她成了西班牙王位的继承人。她于1496年嫁给了哈布斯堡的腓力,但很快就出现了精神不稳定的症状,在她母亲于1504年和丈夫于1506年相继去世后,这种症状变得更加严重了。于是,她的长子查理从其手中得到了卡斯蒂利亚和阿拉贡的王冠,其领土还包括撒丁岛、那不勒斯和西西里岛,以及北非的卡斯蒂利亚属地,还有在美洲新发现的所有土地。与此同时,查理从父亲那里继承了荷兰、弗朗什孔泰和勃艮第公国的权力。1519年,他的祖父马克西米利安一世去世后,查理又继承了奥地利、蒂罗尔和德国南部的领土,并很有可能被任命为神圣罗马帝国的皇帝。

民计划(1502)、吞并那不勒斯(1504)、在北非的战役(1509—1510)和征服纳瓦尔(1515)等。

1516年1月23日阿拉贡国王斐迪南去世时,西班牙的王室唤醒了过去的幽灵。卡斯蒂利亚和阿拉贡贵族的利益对立,有可能使天主教双王统一的领土发生分裂。西班牙王室的直接继承人女王胡安娜一世精神失常,隐居在托德西利亚斯,因此斐迪南在其遗嘱中任命他的外孙查理为卡斯蒂利亚和阿拉贡王国的统治者和行政长官。由于摄政王西斯内罗斯红衣主教的坚定支持,这位勃艮第王子在成

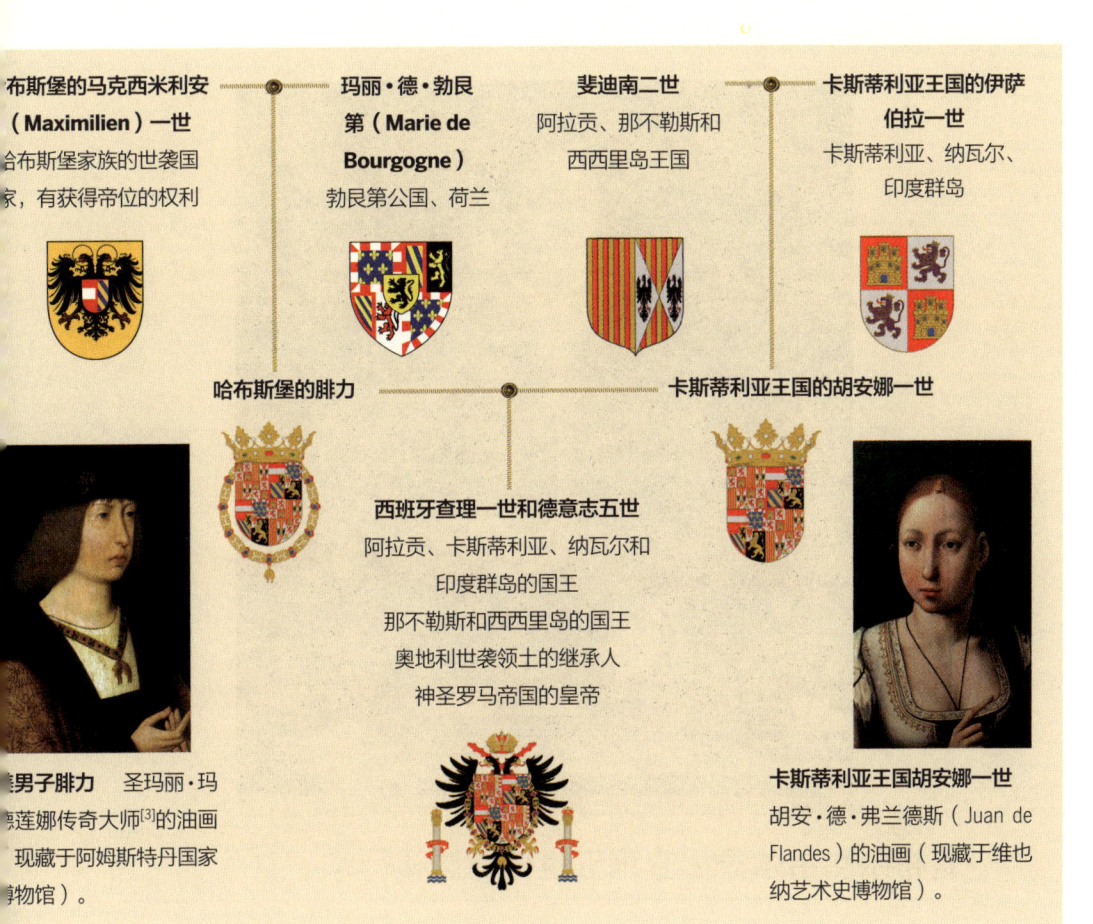

布斯堡的马克西米利安（Maximilien）一世
哈布斯堡家族的世袭国家，有获得帝位的权利

玛丽·德·勃艮第（Marie de Bourgogne）
勃艮第公国、荷兰

斐迪南二世
阿拉贡、那不勒斯和西西里岛王国

卡斯蒂利亚王国的伊萨伯拉一世
卡斯蒂利亚、纳瓦尔、印度群岛

哈布斯堡的腓力

卡斯蒂利亚王国的胡安娜一世

西班牙查理一世和德意志五世
阿拉贡、卡斯蒂利亚、纳瓦尔和印度群岛的国王
那不勒斯和西西里岛的国王
奥地利世袭领土的继承人
神圣罗马帝国的皇帝

男子腓力　圣玛丽·玛
莲娜传奇大师[3]的油画
现藏于阿姆斯特丹国家
博物馆）。

卡斯蒂利亚王国胡安娜一世
胡安·德·弗兰德斯（Juan de Flandes）的油画（现藏于维也纳艺术史博物馆）。

年后得以登上西班牙的王位。

查理一世，卡斯蒂利亚王国的胡安娜一世和美男子腓力一世的儿子，于 1500 年出生在根特。然而，直到 1517 年 9 月 18 日，他才踏上西班牙的土地。当时，年轻国王的船只预计在拉雷多登陆，但因风暴不得不改道而行，最终他在阿斯图里亚的塔索内斯港口上岸。抵达西班牙的最初几天里，查理一世都在无尽的风雨中度过，仿佛预示着

---

[3] 15 世纪末 16 世纪初一位佛拉芒画家，具体名字不详，因绘画圣玛丽·玛德莲娜系列画而得此名。——译者注

141

> ◾ 第一个全球性帝国

富格尔和韦尔瑟：查理五世的德国银行家

这两位银行家家族为查理五世贿赂选帝侯、当选神圣罗马帝国皇帝和在欧洲无休止地发动战争提供了所需资金。不过，他们再也没有看到他们的钱。

富格尔和韦尔瑟家族都是商人和银行家家族，住在奥格斯堡，他们在蒂罗尔的银矿开采、佛拉芒和英国的织物贸易以及东方产品贸易中积累了巨额财富。作为贷款给国王的交换条件，韦尔瑟家族获得了捕获奴隶的许可证、与印度群岛进行贸易和征服委内瑞拉的许可证，以及高级军衔（1530）。富格尔家族则得到了在加勒比海地区、火地岛和摩鹿加群岛创立贸易公司的权利，以及铸造硬币和开发瓜达尔卡纳尔岛和阿尔马登矿藏的权利。这些贷款以12%至14%的利率发放，因此，他们不得不将资本增加了两倍。后来，由于无力偿清父亲的债务，腓力二世于1557年停止了还款，债权人因此破产。

插图 雅各布二世·富格尔肖像（Jacob Ⅱ Fugger）（1459—1525），被称为"富人"，多索·多西（Dosso Dossi）画作（现藏于布达佩斯美术博物馆）。

一段孤独的朝圣之旅，他不得不奋斗以争取与其地位相称的尊严。

由于与多个王朝联姻和亲人的过早死亡，年仅 17 岁的查理就继承了欧洲国王辖下有史以来最广阔的领土。管理如此庞大的遗产并不容易，那场使他远离拉雷多的风暴预示了他来到西班牙将要面临的曲折境遇：贵族们对勃艮第血统的新王及其外国随从并不信任，而一些城市则坚决要求保留它们的特权。1518 年，查理一世不得不与卡斯蒂利亚和阿拉贡王国的朝臣进行谈判，他们直至 1519 年 1 月才承认查理一世的国王地位。他还在巴塞罗那停留了一年，为达成同样的目的与加泰罗尼亚的王室成员进行谈判。正是在巴塞罗那城，查理一世于 1519 年 6 月 28 日得知自己被授予了皇帝的称号。

凭借顾问纪尧姆·德·克罗伊（Guillaume de Croÿ）和梅库里诺·阿伯里奥·迪·加蒂纳拉（Mercurino Arborio di Gattinara）卓越的外交能力，以及德国银行家雅各布·富格尔（Jacob Fugger）和巴托洛梅·韦尔瑟（Bartolomé Welser）强大的资金支持，成功地说服了 7 位选举人（美因茨、特里尔和科隆的大主教、波希米亚国王、勃兰登堡总督、帕拉丁的伯爵和萨克森公爵）于 9 月 15 日在艾克斯-拉-沙佩尔选择西班牙的查理一世、德国的查理五世为神圣罗马帝国的皇帝。

帝国计划

查理的帝国计划是一个王朝的计划，而不是一个国家的计划。西班牙君主国是一个遍布欧洲的领土政治实体的联合体，加之不断征服的美洲领土，而且它们之间没有共同的法典。因此，君主尊重不同领土各自的司法权，尤其在欧洲；而新世界则归属卡斯蒂利亚王国，具有真正的司法一致性。引用专家约翰·艾略特（John Elliott）的话，西班牙君主国是一个联合体（君主国组合），建立在成员国相互承认的基础之上，在这个联合体内，国王在不同的司法执行中扮演着仲裁者的角色。

查理五世梦想的帝国建立在"基督教世界"的人道主义理想基础之上，即在帝国的保护之下，所有的天主教国王联合在一起。勃艮第君主感觉到自己被召唤，以保护天主教领土的统一，并与两大敌人对抗——对外，抵御扩张的土耳其帝国；对

第一个全球性帝国

内,则打击在古老欧洲的中心蓬勃发展的新教。除了在欧洲实现基督教统一的雄心之外,他还致力于被认为是神的意图的西印度群岛计划,西班牙君主国在其中担当了神的意志的代表。这一理念符合查理五世的帝国理想,使西班牙在欧洲和美洲的所有行动合法化。为了充分实现"天主教世界"计划,皇帝必须长期发动战争,一方面,为了使他的帝国统治地位得到承认,另一方面为了结束路德教的改革和土耳其帝国的威胁。他首先面对的是法国国王弗朗西斯一世,后者挑战皇帝在意大利的至高地位。1525年2月24日,弗朗索瓦一世在帕维亚之战中被俘;1529年签订了《坎布雷和约》——标志着西班牙君主对法国的绝对性胜利。西班牙君主的计划还包括迫使罗马教廷承认他的权力。在查理五世于1527年包围和洗劫罗马之后,教皇克莱门特七世同意与其签署和平条约,并于1530年2月22日正式在博洛尼亚为他加冕,使其成为整个基督教世界的皇帝。

在统治意大利之后,查理五世面临着苏莱曼一世(苏莱曼大帝)的威胁,他通过其附庸巴伯路斯在地中海向其发起挑战,并于1532年将庞大军队带到了维也纳的城下。由于动员了全欧洲的基督教国王,查理五世集结了超过15万名步兵和6万名骑士,如此规模的军力震慑了奥斯曼苏丹,迫使他暂时撤出了奥地利的土地。然而,为了维护霸权,皇帝不得不在地中海(突尼斯、阿尔及尔)进行了几次战役,然而这些战役并没有全部取得胜利。

1540年到1549年这段时期是查理五世统治较复杂的时期之一。1541年,土耳其在东欧取得了新的进展:苏莱曼一世大帝征服了贝尔格莱德和布达佩斯。秋天,阿尔及尔战役开战并以灾难性的失败告终。1542年9月,弗朗索瓦一世在3条战线上宣战:荷兰、米兰公国和加泰罗尼亚。直到1544年9月《克雷皮和约》的签署,才恢复和平。1547年,由德国新教诸侯组成的施马尔卡登联盟对查理开战。4月在米尔贝格的胜利也许至今仍然是皇帝最著名和最难忘的成功,部分原因是提香为纪念这一事件而创作了场景宏大的骑马画像。然而,尽管取得了胜利,查理五世却无法阻止路德教新教的迅速传播。8年后,他被迫签署了《奥格斯堡和约》,其中承认德国人拥有选择加入天主教或路德教的不可剥夺的权利。

从此以后，查理五世认识到他的"基督教世界计划"，即在哈布斯堡王朝统治下的普世帝国，将永远不会实现了。他感到曾经的雄心壮志正与自己渐行渐远：他没能重新征服他的家乡勃艮第，而新教正在欧洲中部和北部迅猛发展。查理同样认识到他的欧洲帝国计划在他死后也不会完成，他的领土将由新的王子统治。事实上，他也没有做任何事情来避免其欧洲领土的分裂。

新教的兴起和欧洲宗教的多样性使帝国内部的身份更加敏感。因此，荷兰和德国的新教国家对西班牙的君主制提出了异议。然而，与此同时，西班牙正在确立自己的霸权地位；它的海外领土广阔且处于不断扩张之中，

处决公社领导

1520年至1521年，在皇家平叛策略的集中压制下，卡斯蒂利亚公社起义最终在比利亚拉尔以失败告终，3名主要领导人帕迪利亚（Padilla）、布拉沃（Bravo）和马尔多纳多（Maldonado）在马约尔广场被处决。

插图 安东尼奥·希斯韦特（Antonio Gisbert）（1835—1901）的布面油画（现藏于马德里众议院）。

第一个全球性帝国

它继续主宰着意大利和地中海的大部分地区，并对梵蒂冈有着明显的影响。这就是查理五世打算传给继任者的遗产。

1555年10月25日，精疲力竭的皇帝在布鲁塞尔退位，他发表了一篇深情的演讲，讲述了他的统治。他回忆曾10次访问佛兰德斯，6次访问西班牙，并曾9次穿越德国，7次前往意大利，4次去法国，两次去英国，两次去北非，多次穿越地中海以及在中欧展开了各种军事行动。在当时，这表现出一种罕见的现代性。查理五世已经成为当时出巡次数最多的君主；除了海外领土，他几乎走遍了庞大帝国的每个角落。此后，西班牙的查理一世隐退至尤斯特修道院，于1557年去世。他的儿子腓力二世继任。查理五世是第一个真正的全球帝国的君主。

多方力量成就之帝国

西班牙帝国不仅是卡斯蒂利亚王国的作品，也是西班牙的作品，许多民族和人民也为这座庞大的建筑添砖加瓦。除了西班牙帝国使命中神的意志观念的存在，天然的优越感在统治阶级已根深蒂固，并成为帝国行动的特征。

收复失地运动，是伊比利亚半岛基督教王国对阿拉伯人的战争，在半岛阿拉贡和卡斯蒂利亚两个王国的努力之下，在天主教双王借助了不可忽视的外来帮助的情况下，才在15世纪得以结束。在安达卢西亚的最后战役中，热那亚船舰参与了战斗，阻止了纳斯瑞德王国的海上增援。那不勒斯的双桅战船在攻占马拉加的过程中发挥了关键性作用。在整个夺取格拉纳达的战争中，西班牙国王四分之三的战争费用都由教皇国特许以教会贡赋来抵偿。安达卢西亚多个城市的围攻得到了热那亚银行家和商人的经济资助。在斐迪南国王的军队享有盛名的战士中，包括瑞士的步兵、300名英国的弓弩手，以及可能最具决定性作用的配备了法国和意大利武器的米兰和德国的炮手。

在卡斯蒂利亚人努力的过程中帮助过他们的盟友们，同样也是查理五世帝国不可或缺的支持力量。阿拉贡王国，尤其是卡斯蒂利亚王国，在成为帝国的这条冒险之路上投入了大量金钱和人力。即使在初期阶段，它们还没有完全实施帝国政策的时候也是如此，例如，在瓦伦西亚和马略卡岛的日耳曼人叛乱（1519）和卡斯蒂利亚公社起义（1520）时那样。君主求助于看到发财机会的佛拉芒债权人。佛拉芒的贷款耗尽了，他就向德国银行家韦尔瑟和福格尔抵押贷款，接着是热那亚、佛罗伦萨和威尼斯的金融家给帝国几乎空空如也的国库输送资金。

通信和外交

哈布斯堡王朝保证辽阔领土的稳定需要强大的通信网络，以便有效地传送命令和最遥远地区的新闻。因此，出于管理的考虑，皇家在欧洲的所有道路和公路都交给了德国的冯·塔西斯家族和他的意大利合伙人管理，他们与西班牙邮政代理一起维持着帝国领土间的有效通信。

虽然帝国最有影响力的首相兼参政大臣是皮埃蒙特人梅库里诺·加蒂纳拉（Mercurino Gattinara），但大多数外交使团成员是勃艮第人。直到腓力二世，国家的行政界精英依然不是以西班牙人为主。

在平息公社起义和日耳曼人的暴动后，西班牙保持了国内的平稳局势，这使得皇帝可以从卡斯蒂利亚调用资源和人力，其中包括参加过欧洲和地中海所有战役的著名的精锐方阵兵。事实证明，尽管这支部队人数不多，但他们的存在却对于帝国军队来说意义重大。因此，在以1527年洗劫罗马而告终的意大利战役中，只有五分之一的士兵是西班牙人；而在1547年的德国战争中，他们只占军队人数的不到六分之一。尽管军队的主力不是西班牙人，但卡斯蒂利亚王国总是慷慨地资助皇帝发动的战争，许多西班牙贵族带领军队在法国的进攻中、在海盗巴伯路斯的入侵中，或者在意大利和佛拉芒战争中英勇战斗，保卫了半岛。

在地中海，大部分士兵和船只都属于意大利。直至1528年帝国在萨莱诺海湾失败前，巨大的舰队一直掌握在热那亚贵族法布里齐奥·朱斯蒂尼亚诺（Fabrizio Giustiniano）的手中。这一事件引发了重要的变化，查理五世与当时还是法国国王盟友的热那亚航海家安德鲁·多利亚（Andrea Doria）谈判并达成协议，此后他的整个舰队将为西班牙效劳。

欧洲的恺撒，查理五世的武器

两个带翅膀的人物是胜利女神和名誉女神，为皇帝庆祝。

查理继承了祖父哈布斯堡的马克西米利安一世的爱好，对骑士比武、武器和军装非常痴迷。作为一位伟大的收藏家，他向最好的军械师和制剑师定制轻圆盾、盔甲、长矛、柱形尖顶头盔、火枪和短剑，用于比武、战斗或展示。这些武器具有强烈的象征意义，为他的宣传服务，让他在人民和敌人面前展示自己是胜利的欧洲恺撒，彰显他的军事力量。他的刀剑上刻画的内容代表了其帝国和宗教意识形态。

插图 被称为查理五世的"超凡利器"或"神器"的轻圆盾，由带凹槽的钢、金和银制成，1535年左右在意大利制造（现藏于马德里皇家军械库）。

骑士比武的盔甲 查理五世在西班牙巴利亚多利德第一次参加比赛时所穿的锻钢骑士盔甲。

查理五世被比作神话中撑起了石柱的强大的赫丘勒；也被比作波塞冬，因为他统治着海洋，对抗敌人。

查理五世穿着罗马皇帝的盔甲出现，他的头上戴着胜利的桂冠，手上举着带有双头鹰的军旗。

精良的武器

皇帝的武器被保存在马德里皇宫的皇家军械库中，其收藏品被列为世界上最重要的武器收藏，其最早的藏品可以追溯到13世纪。

头盔 这顶头盔准确地再现了查理五世的轮廓，包括他遗传的凸颌及其头发和胡须。

斧头 斧头是中世纪骑士比武的武器，皇帝的斧头有一个雕刻的木柄，是锻造大师的杰作。

手枪或小火枪 这件武器与提香的《米尔贝格战役》中皇帝骑在马上携带的武器完全相同。

盾牌上所写的是拉丁文的铭文"更远"（Plus Ultra），这是查理五世在加冕为皇帝后纹章上采用的铭言，它喻示着帝国的活力和广阔。

第一个全球性帝国

安德鲁·多利亚，击败土耳其人的海军元帅

作为 16 世纪欧洲历史上的重要人物，这位元帅是地中海的主宰者。年近 84 岁时，他依然为王公贵族们在海上征战。他是土耳其人的噩梦，是欧洲教皇和国王们最渴望的盟友。

多利亚于1466年出生在热那亚，他是地中海上最优秀、最能干的水手。1502年，他打败了企图为西班牙王室夺取那不勒斯港口的大将，保住了这些港口。1512年，他被任命为热那亚舰队海军司令；不久之后，为支持弗朗索瓦一世，他的舰队为罗马教廷和法国王室而战。1528年，在那不勒斯海战中，他打败了查理五世的舰队，并俘虏了王国的摄政枢机主教瓦斯托侯爵伊尼戈·达瓦罗斯（Íñigo Dávalos）。后者提出让他加入皇帝的阵营，多利亚由于不满法国同盟而与查理五世会面。他们之间达成了协议，多利亚被任命为大元帅和大首相，他的战舰从此为西班牙王室服务。此后，从卡斯蒂利亚得到丰厚报酬的多利亚重创了土耳其人，让他们遭受了最惨痛的失败，筑起了一道无形之墙，阻止了土耳其人入侵地中海。在84岁高龄时，多利亚依然领导战船抵挡奥斯曼王朝带来的危险，保卫那不勒斯和西西里岛。他于1560年逝世。

插图 安德鲁·多利亚肖像画，作者：塞巴斯蒂亚诺·德尔·皮翁博（Sebastiano del Piombo）（1485—1547 现藏于热那亚普林西比别墅）。

　　1532 年，苏莱曼的土耳其军队兵临城下，西班牙国王急忙带领 15 万步兵和 6 万骑兵——包括西班牙人、葡萄牙人、法国人、佛拉芒人、意大利人和德国人——保卫奥地利首都。多利亚率领一支由超过 44 艘双桅战船组成的舰队向希腊进发，其中包含 17 艘西班牙船只。在突尼斯战役中的 400 艘帝国战舰中，20% 属于西班牙，40% 属于多利亚的热那亚舰队，另外 40% 属于皇帝的意大利盟国。

　　德国和佛拉芒军队，还有重要的意大利军队和西班牙精

锐方阵部队支撑了在德国发动的针对施马尔卡登联盟的路德教改革运动的战争。军队由阿尔巴公爵负责指挥,但他得到了埃格蒙特伯爵、皇帝的弟弟奥地利的斐迪南和选帝侯莫里斯·德·萨克斯(Maurice de Saxe)军队宝贵的援助。欧洲天主教王公贵族和罗马教廷的资金使装备这支庞大的军队成为可能。

在美洲的合作

卡斯蒂利亚民族和其他西班牙民族在美洲计划中的重要作用毋庸置疑,但如果没有其他许多参与者的合作和帮助,美洲计划也不能圆满完成。哥伦布的四次航行得到了佛罗伦萨和热那亚银行家的资金支持;加勒比海和火地岛的征服要归功于安达卢西亚、巴斯克、加利西亚、卡斯蒂利亚、埃斯特雷马杜拉、坎塔布里亚、热那亚、那不勒斯和葡萄牙的水手、船主和商人,也要感谢巴伦西亚、加泰罗尼亚、巴斯克和安达卢西亚的商人以及热那亚银行家的资金支持,还有马略卡岛的地图绘制者。在征服美洲帝国的过程中,许多美洲印第安部族与科尔特斯和皮萨罗联合起来,使他们能够建立对阿兹特克人和印加人的有效统治。如果没有原住民的帮助和合作,就不可能成功地控制广阔的美洲领土。

科尔特斯能够夺取特诺奇蒂特兰,多亏了数千名墨西哥人的宿敌特拉斯卡拉人、托托那克人和乔卢特卡人的士兵,以及他们与伊斯特利霍奇特尔军队的联合。如果没有3000名特拉斯卡拉人归附于他,科尔特斯也不能在1524年进入洪都拉斯腹地;如果没有纳瓦人,尤卡坦半岛也不可能被征服。至于皮萨罗,在俘虏阿塔瓦尔帕的第二天,就收获了几千名愿意追随他的印加士兵,还有大批对腐朽帝国的统治和自相残杀的战争感到厌恶的民众。阿尔马格罗能到达智利,归功于库斯科和查尔卡斯的12000名美洲印第安人的牺牲。还有,在近万名土著的支持下,贡萨洛·皮萨罗和弗朗西斯科·德·奥雷拉纳(Francisco de Orellana)进入了亚马孙领地。

另外,如果没有印第安酋长和原住民首领的合作,无法想象西班牙君主国能够征服和统治美洲的领土,他们中的许多人与西班牙人结成了姻亲,并参与了总督辖

■ 第一个全球性帝国

马丁和比阿特丽斯的婚礼（细部）

　　这幅 17 世纪的珍贵油画作品保存在库斯科耶稣会教堂，再现了一位西班牙贵族和印加公主的婚礼。马丁·加西亚·德·洛约拉（Martín García de Loyola）是耶稣会创始人依纳爵·罗耀拉（Ignace de Loyola）的侄孙，比阿特丽斯·克拉拉·科亚（Beatriz Clara Coya）是印加皇帝塞里·图帕克（Sayri Túpac）的女儿、富饶的尤卡伊领地的继承人。右边是另一对夫妇：他们的女儿安娜·马利亚·洛伦扎·罗耀拉·科亚（Ana María Lorenza de Loyola Coya）和西班牙贵族胡安·恩里克斯·德·博尔哈（Juan Enríquez de Borja）。

　　区的治理和行政管理。王室在追求合法性的同时，从未停止过与当地精英、酋长、库拉卡斯和美洲王室官员的谈判，以确保维持当地的制度、法律和惯例，只要它们与西班牙君主国的统治能相容。当地精英阶层和贵族阶层在印第安政府中的合作主要基于这些谈判和建立联盟的传统。

　　因此，在大多数情况下，印加贵族或库拉卡斯对快速西班牙化做出了贡献。他们中的许多人负责征收贡赋，因此在殖民地机构中占据战略地位。甚至敌对的马普切人、王室也设法与之达成协议，使该地区在 16 世纪末得以稳定。

　　西班牙人往往能够适应先前存在的机构，让酋长和奥雷洪人控制他们的人民，而他们接受将总督政府的机构叠加在传统的机构之上。

1582年的图特南戈地图

现在的特尔-德尔-瓦莱建于8世纪,位于马特拉津卡地区,被马丁·多兰特斯(Martín Dorantes)征服(现藏于塞维利亚印第安人总档案馆)。

插图(右侧) 墨西哥多色彩装饰的平民幼儿园,陶土制品(现藏于马德里国家装饰艺术博物馆)。

美洲城市生活

西班牙在新世界属地的日常生活、社会政治和经济组织机构不能脱离城市这个环境。城市是衡量西班牙人在美洲殖民化成功的核心和工具。城市也是统治海外领土的关键。没有城市，殖民者就无法管理和稳定被征服的领土。

尽管历史编撰学认为西班牙人在西印度群岛的扩张和殖民过程分为四个阶段（发现、征服、平定和移民），但在大多数情况下，这四个阶段几乎同时进行。从天主教国王斐迪南批准了佩德拉里亚斯·达维拉的《殖民地训示》（*Instrucciones de Poblamiento*）（1513）起，征服就变成了移民的同义词，而建立城市则是最重要的殖民行为。这些城市最清楚地表达了西班牙人想要留在美洲并将其半岛世界迁移到美洲的愿望。征服和移民不可分割，构成了同一个现象的两个方面。城市中心也是在殖民统治推进过程中一个成功的工具，密集城市网络的形成和发展可见一斑。在16世纪末，已有近250座稳定的美洲城市。

美洲城市的创建进程是人类历史上了不起的和少有的现象。穿越大西洋的西班牙人希望在西印度群岛定居下来，因此想要将他们的世界复制到美洲，并在他们的城市观念指导之下建设美洲城市。这些观念在收复失地运动的过程中形成，最终又打上文艺复兴思想的深刻烙印。伟大的美洲印第安文明所确立的城市为他们的定居提供了便利。墨西哥城市中心或者印加文明影响下的安第斯地区城市中心都被西班牙人兼容并蓄，并转化成服务于王室的城市区域。正如在最近几十年的考古发现中证实的那样，在玛雅地区正是如此，在广阔的亚马孙地区也同样存在强大的城市传统。西班牙人在之前已经存在伟大文明的地区确立了其主要权利和文化中心。

城市的建立

城市的建立还出于新领土治理在政治、社会和经济层面的需求。城市中心变成了新世界行政和政治生活的中心；在这里，人们模仿欧洲的社会习惯，城市还见证了士兵转变为城市居民。城市是征服战略的关键；它是补给站、是发起新远征的基地、是统帅和他的军队出发的地方，也是男人们离开军队成为市民的回归之地。

对王室来说，城市承担了地方和区域行政中心的功能，也是一个控制和集中人口的实体；它是连接半岛决策中心和新领土的网络中的一个环节，是当地居民以工业或者手工方式生产必需商品并进行贸易交流的地方；最后，城市还是供给基地、新发现和征服的桥头堡。

从1513年起，一个更明确的城市化准则在美洲被实施。从斐迪南最初的《训示》(Instructions)到查理一世的《法令》(Ordonnances)(1523)和腓力二世的《移民法令》(Ordonnances de peuplement)(1573)，规定不断更迭。这些文件详细规定了城市基础和结构的各个方面：地点的选择、行政和教会建筑的位置、广场和街道的布局和形状，等等。腓力二世的《移民法令》是后来整个美洲城市结构发展的基本原则，它通过强调规模和耶稣的无所不在，确认和引导直到那时所追求的活力；活力对西班牙君主国如此有利，确保了它在大西洋彼岸权力的稳定和持续。

签订建立城市和城市移民契约是在建立新定居点之前必须履行的一个法律手续。由此会形成一个系统性的公证文件，其中包括必要的建城文书：居住用地的划拨、街道规划、公共用地、耕地和畜牧用地的分布、市议会的构成、贡赋和印第安人领地的确定，等等。地方权力空间在城市形成，并通过平衡的特权分配进行有效的政治管理。西班牙王室赋予地方权力以合法性，以换取他们对君主和更接近他们的总督的服从和忠诚。

经典的城市模式

尽管我们不能说出一个范例型的城市或者一个以系统方式实施的明确城市规划，但某些暗含的特征印证了阿根廷历史学家豪尔赫·恩里克·哈多伊（Jorge Enrique Hardoy）提出的"西班牙美洲城市的经典模式"。他认为这个模式可以被定义为：围绕主广场而设计的几何图形，主广场是城市发展的中心，是城市重要的几何中心，在它的周围象征权力的建筑拔地而起——包括王宫、市政厅、大教堂和法院。主广场把人民及其灵魂管理起来。城市的主要活动都在这里举行——包括节日和交易市场。与广场相邻的街区是征服者和皇家官员的地块。这些土地往往被划分成方格状，成片长方形或正方形的房子遍布其间；根据这种被称为"西班牙方格"的体系，这些片区再被分割成四块正方形。当城市逐渐发展时，其中一个地块保留空地，以便用作广场。

在殖民化的最初几十年，没有规范的城市规划可以参照，过快且无序发展是普遍现象。然而，即使是这些布局不确定的城镇，也表现出对城市建设合理布局的执着追求：拥有作为中心的主广场和用于建造房屋的梯形街区设计。

因此，在征服和摧毁特诺奇蒂特兰之后，征服者计划在阿兹特克帝国的废墟上建立一座围绕大广场的网格状城市。几年后，普埃布拉-德洛杉矶城（墨西哥）的

■ 美洲城市生活

美洲的西班牙城市

1492
纳维达
1493
伊萨伯拉
1498
圣多明戈
1510
农布雷-德迪奥斯
1519
哈瓦那，巴拿马，里卡德拉维拉克鲁兹
1525
圣玛尔塔
1531
瓜达拉哈拉
1533
卡塔赫纳-德印第斯
1534
圣弗朗西斯科-德基多
1535
利马
1536
圣马利亚-德尔布恩艾尔
1537
亚松森
1538
圣菲波哥大，拉普拉塔-苏克雷
1541
智利的圣地亚哥
1542
梅里达（尤卡坦）
1545
波托西
1548
拉巴斯
1561
门多萨
1565
圣奥古斯丁（佛罗里达）

主广场，日常生活的中心

腓力二世的《移民法令》文本中指出，城市的布局必须围绕"主广场展开，街道从这里辐射出去"。因此，城市生活围绕这个空间展开和进行。

主广场是城市居民必去的集会点，也是行政和政府职能部门的所在地。在这个城市生活最重要的空间里，人们举行最主要的经济活动、娱乐和庆祝活动。这里是周日弥撒之后人们的去处，是发布法令、通知和禁令的地方，同时也是举行每周集市和斗牛活动的地方。它是城市的中枢和心脏。这座开放式建筑使居民的会聚成为可能，不论他的社会地位、出身或经济条件。作为理想的文化适应和交融的所在，城市中心为克里奥尔人身份的发展提供了一个完美的舞台。

插图 当时的一座屏风上绘出的墨西哥主广场及16世纪的大教堂（马德里私人收藏）。

建设也采用了这一方案。1527年，圣地亚哥-德洛斯卡瓦耶罗斯（安提瓜）的重新选址和重建都遵循了经典的网格模式。然而，直到1535年，随着利马的建立，方岛网格城市布局模式才最终确定下来。

适应和存续

虽然经典模式不总是适用，但西班牙城市总是设法适应现实，为新环境和艰苦的居住条件带来的问题找到解决方案。市政建筑往往必须应对各种限制，如，港口城市、矿业城市、沿河城市

或者有特殊防御要求的城市。地势决定了城市的位置；地形限制了城市的扩张和主要的经济活动，而针对海盗或原住民攻击的防御设施的修建则确定了它的外观。因此，许多城市中心都靠近天然的避风港（圣胡安德乌拉、卡亚俄、布宜诺斯艾利斯、哈瓦那、卡塔赫纳德印第亚斯），或围绕着矿藏（波托西、瓜纳华托、萨卡特卡斯、万卡韦利卡）或在有地形作掩护的地方（波哥大、基多、巴拿马、亚松森）发展起来。决定城市规划更多的是这些因素而不是规章制度。

1573 年，腓力二世的《移民法令》建议不要

■ 美洲城市生活

有防御工事的城市，独特的城市规划

为了维护贸易垄断和船队的安全，腓力二世决心加固加勒比海的主要港口。从 1577 年起，面对弗朗西斯·德雷克（Francis Drake）在太平洋的攻击，他将堡垒网络扩展到了西印度群岛的所有港口。

一些城市面貌因建造军事建筑而改变，其他许多城市不得不进行重大改造，以满足防御要求。它们不得不适应新的限制：被厚壁高墙所包围，被坑洞和城堡所局限。朱安·包蒂斯塔·安东尼利（1527—1588）等伟大的建筑师设计并实施了改造，他们巧妙地将防御系统、地形和城市需求结合起来。麦哲伦海峡（1581）、卡塔赫纳（1586）、圣多明各（1589）和丰塞卡湾的堡垒、圣胡安德乌拉港的防御工事、哈瓦那的皇家军队城堡（1580）、巴拿马堡垒（1590）、波托韦洛防御工事（1597）以及佛罗里达州的圣奥古斯丁和圣埃伦娜防御工事（1598）都是突出的典范。

插图 16世纪四轮炮架上的大炮。

卡塔赫纳 该城市的战略地位非常重要，首先，起到桥头堡的作用；其次，这里是一个优良港口，是火地岛舰队的中转站，这使它备受私掠船的青睐。巴尔（Baal）（1543）、科泰（Coté）（1559）、霍金斯（Hawkins）（1568）和德雷克（Drake）（1586）等海盗的多次入侵迫使该城修筑防御工事。这项任务交给了胡安·包蒂斯塔·安东内利（Juan Bautista Antonelli）。他建造了一个由城墙和堡垒组成的无可挑剔的防御系统（现藏于塞维利亚印度群岛总档案馆）。

在海上飞地建立新的城市，除非是"贸易入口或者出于保卫领土的需要"，而且要具备优良港口的条件。法律只给出一个共同遵守的规范，哈瓦那、波托韦洛、卡塔赫纳-德印第斯、维拉克鲁斯、卡亚俄、波多黎各圣胡安或亚松森都是证明。保护舰队和储存货物的仓库的防御工事使这些城市呈现出不同的面貌。维拉克鲁斯的圣胡安-德-乌鲁阿、埃尔莫罗、皇家军队、拉蓬塔、拉卡瓦尼亚和普林西比的堡垒，在哈瓦那或卡塔赫纳、圣胡安或波托韦洛的外观都强调了港口城市防御的重要特征。

还有一些由西班牙人建立或重新建立的其他城市，他们

皇家军队城堡

它位于哈瓦那海湾入口通道上，始建于1558年。几年之后在它旁边建起了武器广场，这里是该城贵族住宅建筑所在地。哈瓦那的防御工事是西班牙在加勒比海地区防御体系中最重要的部分。

在已有的城市基础上增加了自己的建筑。在乔鲁拉（墨西哥），仍然可以看到西班牙人到来之前的城市，以及它的寺庙和嵌套的街区。米却肯（莫雷里亚）和墨西哥城的中心地带也是建立在阿兹特克人的城市基础之上。

当科尔特斯要求测量师阿隆索·加西亚·布拉沃（Alonso García Bravo）在特诺奇蒂特兰的废墟上建造一座西班牙人的城市时，他要求保留一些这座城市原有的重要空间，如莫克特祖玛的宫殿、一些桥梁和主广场。这对西班牙建筑师和城市设计师来说并不奇怪，他们在收复失地运动期间已经习惯于将尖塔改造成钟楼，在阿里莫拉维德王朝宫殿的基础上建造城堡，或将露天市场改造成广场。

印加首都库斯科也进行了叠加性改造，市中心最古老的区域今天仍然可见。尽管一些帝国古迹被毁，弗朗西斯科·德·托莱多（Francisco de Toledo）在1578年制定了新的规划，但许多建筑仍保留了原有的围墙和地基，主要街道保留了代表塔万廷苏尤的四个街区的布局。今天，我们可以在圣多明各修道院看到这种叠加现象，它建在科里坎查的土著神庙原址上；在圣布拉斯街区附近，有着纯粹的卡斯蒂利亚氛围，一些房屋建在印加巨石上。主广场的位置是印加时期举行仪式的地方。

在基多，保留了部分美洲印第安人过去的建筑，但为数不多。相反，波托西在17世纪初可能是世界上人口最多的城市，它以不规则的、迷宫般的和分散的形式建在山脚下，那里有丰富的银矿。

最后，我们必须明白，王室和征服者通过重建、重构或在土著建筑上和象征性空间里进行建设的方式，保存了过去的辉煌，但更重要的是表达西班牙人和基督教对土著和偶像崇拜的胜利和统治这一思想。

利马——典范之城

利马是按照经典模式设计的城市：围绕广场设计出网格状的街道，其地块由皮萨罗亲自分给第一批居民。最初的规划图包括117个房屋片区，形成一个9个乘以 13 个岛区的长方形。每个片区形成一个边长为 450 英尺[4]的正方形，分为 4 个地块。街道的宽度为 40 英尺。主广场并没有被安排在中心区域，而是邻近阿普里马克河，这条河是居民用水和浇灌菜园的水源。利马的特征之一是不只为 1535 年定居在这里的一小部分居民设计，而是考虑到它的未来发展。为跻身大城市的行列，利马用了几十年的时间；在 16 世纪末，利马最终成为富强的总督区首府。

在中心城区，最初的方格——也就是今天所说的著名的皮萨罗网格形式——依然还在。随着城市的延伸，越来越多的城市规划标准被打破；随着建筑越来越多、街道越来越窄，越来越集中的房屋和学校甚至截断或堵住了一些大道和小路。在 16 世纪，殖民时期的利马由广场周围的宏伟建筑（大教堂、政府宫、市政厅、宗教审判所）和各个区域组成（高贵的征服者和富有的地产主和商人区、属于印第安人、黑人和克里奥尔人的畜牧和种植区、他们住在公共的克拉拉斯贫民区，与半岛克拉拉斯很像）。利马精英阶层把他们的住宅建在主广场附近的街区。其中一些府邸依然还在，它们都有着高大的宅门，进门是带柱廊的庭院，朝向庭院有多间房子，其中有接待来访者的会客厅以及为死者守夜的停尸房。楼上有主人房、舞蹈房和祈祷室或私人小教堂。在不朝向街道的一边，几乎所有的住宅都拥有一座果园、一座小花园，通常还带有一个院子，里面有牲口和马厩。

最简陋的房屋或克拉拉斯，也被称为"小修道院"，是露天的走廊，沿着走廊建了一些带有小厨房和鸡舍的小居所。每个"小修道院"可以容纳 10 到 15 户家庭。在城市周边经常可以看到一些大农场，这里聚集了贫穷的印第安人和克里奥尔人，生活条件恶劣。市中心并不总是很干净，街道和公共区域到处都是垃圾。城市卫生、清洁以及供水是较困难的问题，这也是许多殖民地城市面临的问题。

在 17 世纪时，利马经历的大扩张不仅得益于经济上的富足和总督辖区的政治活动，而且受益于宗教的传播和居民的虔诚，他们通过施舍和资助修建教堂、修道院和济贫院。然而，频繁的地震，尤其是 1655 年、1678 年和 1687 年的强烈地震，打破了这座城市的强大之梦，迫使他们主动选择一些普通材料（选择黏土和芦苇而

---

[4] 1 英尺等于 0.3048 米。——译者注

利马——美洲西班牙城市的经典模式

皮萨罗有序而合理的设计使利马最终成为美洲城市的典范。利马是理想城市的代表：正方形的布局，最主要的政府和行政建筑都集中在中央广场，整个城市从这里延伸开来。阿隆索·加西亚·布拉沃于 1521 年为墨西哥设计的长方形网状结构方案，于 1531 年被应用于普埃布拉-德洛杉矶的城市建设中，形成了很前卫的规划。

武器广场上的利马市政府 1549年这座按照殖民地风格建造的建筑，与同一个广场上的总主教宫有着同样华丽的木制阳台。右图：1687年的利马平面图。

放弃了石材）并降低了大型建筑和教堂的高度。

按照与利马相同的文艺复兴时期风格的城市规划模式，许多出色的城市相继建立起来：包括圣弗朗西斯科-德基多（1534）、特鲁希略（1535）、拉普拉塔（1538，现在的苏克雷）、圣阿菲-德波哥大（1538）、通哈（1539）、阿雷基帕（1540）、瓦伦西亚（1550）、昆卡（1557）、门多萨（1561）、圣米格尔-德图库曼（1565）和科尔多瓦（1573）等。

❶ **总督府** 它曾是皮萨罗的住宅，被建在武器广场，紧靠着大教堂。

❷ **大教堂** 这座宏伟的建筑，由皮萨罗于1535年奠基，在一个印加宗教建筑原址上建造起来。

❸ **市政厅** 它建于1548年，位于埃尔南多·皮萨罗的地块上，现在仍然是市政府所在地。

❹ **圣弗朗西斯科修道院** 利马最壮观的巴洛克式建筑群，靠近小教堂和方济各会的住房而建。

❺ **宗教裁判所** 宗教裁判所的审判庭所在地，由总督弗朗西斯科·德·托莱多（Francisco de Toledo）于1570年在利马设立。

❻ **圣安娜教堂和印第安人医院** 这座教堂建在土著医院旁边，1913年由大主教杰罗尼莫·德·洛阿伊萨（Geronimo de Loayza）为印第安人的教区进行了祝圣。

❼ **拉梅塞德修道院** 该修道院是在利马建造的第一批修道院之一，由征服者弗朗西斯科·德·贝塞拉（Francisco de Becerra）捐资修建，他死后被葬在这里的地下室。

❽ **城墙** 1684年由总督梅尔乔·德·纳瓦拉·罗卡福尔（Melchor de Navarra y Rocafull）建造，设有10个入口门和战略堡垒。它们在1868年被拆毁。

市议会

　　市议会是西班牙美洲城市管理的主要机构，是城市自治的基本要素，是西班牙君主制复杂政治架构的基础，也是殖民地独立之前西班牙统治成功的关键。从1517年起，国王允许移民者选举出常任阿尔卡德（市长），即市议会主席。市议会拥有城市的行政权力和民事、刑事案件的初审裁决权。它管理城市生活并制定法令以规范城市治理、市场和供应、同业公会、市政税收、防御和公共秩序。

在美洲的西班牙传教士的开端

建立传教区和印第安人村庄的目的是将分散的土著社群集中在一起，以便于向他们传教，并将其作为劳工进行控制和征收贡赋。这些村庄大多由宗教团体在西班牙人到来之前就已经有人居住的地方建起，或是在大型宗教建筑周围。其他社区建筑（商店、工场或学校）都建在重要的宗教建筑附近，或在一个大广场上，印第安人的住所就在广场周围。在17世纪和18世纪，耶稣会或方济各会等宗教团体将传教区变成了拥有自给自足经济的"保留区"，它们实施各种乌托邦和社区计划，以确保对原住民社区的保护。右边的平面图是阿根廷的圣哈维尔的缩影（现藏于马德里美洲博物馆）。

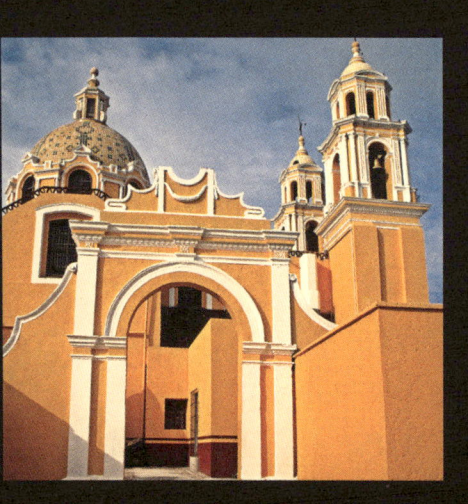

乔鲁拉的圣加布里埃尔神庙修道院 这座修道院建于1529年至1552年，在供奉羽蛇神的土著神庙废墟上建造而成。

① 池塘和运河 池塘和运河用来灌溉田地。人们种植茶叶、烟草、马黛茶和果树，产品或自用或出售。

② 圣哈维尔教堂 1743年7月4日，一群耶稣会士建立了莫科比斯印第安人保留区。教堂周围是教徒们的住所。

③ 中央庭院 在耶稣会建立的"保留区"模式中，中央庭院（或称门廊）是传教团社会活动和行政管理的中心。

④ 工场和商店 他们在这里设立了一所学校，印第安人在这里学习各种手艺。在圣哈维尔，他们与莫科比斯人一起完成了大量的乐器制作。

⑤ 土著房屋 印第安人的房屋分散在整个保留区，特别是在公共建筑和广场周围。

⑥ 农田 如果农业生产能够满足保留区的需求，就会经常在本区举办大型集市。

传教士的教理书

情况的紧迫性和特殊性,以及缺乏适合的方式,使得传教士很难向当地人传授福音。为了尽早终止偶像崇拜和前哥伦布时期的信仰,他们试图向印第安人传授其信仰的基本知识。由于必须从头开始,而且考虑到当地语言的多样性,在西班牙使用的文本是没有用的。因此他们必须编写适应新情况的教理书。16世纪,佩德罗·德·甘特(Pedro de Gante)等牧师付出了极大的努力,他们使用母语及象形图并结合问答的形式编写了100多本简单的教义小册子或教理书(右图)。随着1537年墨西哥第一家印刷厂的建立,这项事业得到了极大的发展。

美洲城市生活

根据时代、形势和城市类别的不同，市议会的席位数量不等。市议会的主席是常任阿尔卡德，在法警的支持下负责执行司法判决并维护社会秩序和道德良俗。皇家少尉任副市长，在举行仪式时举着卡斯蒂利亚旗帜并指挥城市卫队。书记官在审议中没有发表意见的权力，也没有投票权，只履行见证协议达成和档案保管职责，通常是特别委员会的成员。市议会还包括一定数量的市议员（4—24名），他们以半岛市议会同样的方式分担政府职能。大部分的市议会席位可以买卖和转让，因此成为王室重要的收入来源之一。在一些城市，传统和腐败的交织致使市议会主席成为永久和世袭的职位，被看作可以交易的商品。几十年之后，在美洲出生的西班牙人最终掌握了市议会。

市议会的重要性不仅在于它是不同政治和社会力量（王室、教会、领主、总督、商人以及土著精英）之间的调停机构，还在于它拥有相当广泛和独立的政治和经济权力。管理自己的或外部的贡赋（商业税）和公共财产（牧场、森林、盐田、水资源），拍卖土地，控制物价和粮食或组织卫队，这些使它拥有了很大的权力，也常常成为它与其他机构关系紧张的原因。总督府、法院、省府或主教府同在一个城市的利马、墨西哥、基多或查尔卡斯等地，在市政当局内部都爆发过激烈的冲突。

首席阿尔卡德和科雷吉多尔

在这个权力与反权力的游戏中，为了使美洲和西班牙统治精英之间达成协议，同时也为了防止市议会以自治的方式运行，王室在新世界引入了14世纪中期在卡斯蒂利亚设立的代表王室的职位——首席阿尔卡德，由国王或国王的权力代表（总督、法院或者省长）任命。科雷吉多尔是王室设立的另一个职位，他在争议中充当调停人，并负责确保对印第安人传教和支付他们的报酬，以及征收贡赋。为了保证科雷吉多尔公平执政，本地居民、领主或者所有与社区利益相关者都不能担任这一职务，然而这一禁令几乎是一纸空文。

首席阿尔卡德和科雷吉多尔的权限并没有明确界定。起初的区别比较明显：首席阿尔卡德承担更多的司法职能，科雷吉多尔承担更多的管理职能。随着时间的推移，这一区别逐渐模糊，以至于到了 17 世纪，两者的职能变得非常相似。很少有市议会由作为王室代表和高等法官的首席阿尔卡德和科雷吉多尔担任主席；按照常规，市议会主席由常任阿尔卡德担任。首席阿尔卡德和科雷吉多尔更多地把精力集中在监管王室官员征收贡赋及国王和西印度群岛委员会政令的实施上来。到 16 世纪时，他们逐渐成为当地的专制者，通过印第安酋长来谋取个人私利。他们负责把运到西印度群岛的物品分批分配给当地居民以换取他们的农产品，虽然这种做法并不被允许。起初，一些法律人士被挑选来担任这一职位，但后来变成选派在当地有着极大利益相关的贵族成员和克里奥尔人担任。

与几乎所有在新世界任职的官员一样，首席阿尔卡德和科雷吉多尔也置身于殖民体系复杂的权力与平衡游戏之中。在就任这一职位之前，他们必须在王室财政署留存一笔保证金（对于所有拥有司法权的官员执行的惯例）以防范一切贪污或舞弊行为。为了筹集资金，他们有时不得不向当地商人大笔借款。这一做法把所有利益各方捆绑在了一起：首席阿尔卡德和科雷吉多尔在接受职责的时候就知道他们将得到丰厚的红利；王室财政部保证收进贡赋；而商人作为借贷者，确保自己能参与货物的销售，这样他们的销量就会增长，也会对首席阿尔卡德和科雷吉多尔产生影响。虽然这样的腐败尽人皆知，但因涉及众多利益团体，该体系的运行也就得以存在了。

因此，不难想象他们之间无休止的冲突：首席阿尔卡德、科雷吉多尔和常任阿尔卡德，有时还有同样涉及政治和经济利益的教士也搅入其中。不同的职位往往拥有相同的司法和管理权限，这造成了效率低下和腐败，但同样也可以预防滥用职权，并使国王得以控制官员。把相似的权限授予多人，同时又授予多人监督和限制其他人的权力，以此来保持一种平衡。因此市议会和科雷吉多尔大多数由克里奥尔贵族把控，实际上由他们来执行该权力。事实上，他们代表了最接近社会现实和公民的机构。即使他们经常反对王室的立法——无论好坏——他们还是把这些立法与其惯例和特有的规约成功对接（《克里奥尔人习惯法》是一个非常重要的法律来源）。

■ 美洲城市生活

美洲的西班牙机构

在 18 世纪波旁王朝改革之前，美洲领土被划分为两个总督辖区，除极少数例外，下设法院、省份、科雷吉多尔辖区或阿尔卡德辖区。

虽然征服者也就是总督最初承担了政府职能，但这些职能后来被赋予两个最高权力机构——新西班牙总督府（1535）和秘鲁总督府（1541）。在各省，政治和军事权力由省长掌握，司法权力由法院掌握，法院也行使政府职能，因为法院院长同时也是省长。军事权力归属于指挥一个或多个省份的上将。通常情况下，总督也是上将，但这两个称号并不总被赋予同一人。皇家财政官员直接受国王领导，负责监管财政和贡赋。

插图 选自波马·德·阿亚拉的《新编年史和好政府》（1615）。

米却肯的妇女

这张图片来自 1553 年图德拉手抄本的《土著文化分册》（*Livre indigène*）（现藏于马德里美洲博物馆）。现在的米却肯州即前哥伦布时期的米切华肯，在当时已经有普而皮恰族人居住，也被称为米却克人或米却肯人。他们和今天一样，以农业和畜牧业为生。

印第安人的村镇

虽然前西班牙时期两大文明有着悠久的城市定居传统，但新大陆幅员辽阔，征服者在许多地区发现了分散的定居点、部落和宗族的小型聚居点，或在很广阔的区域存在大量零散的流动居住点。对西班牙人来说，唯一可以想象的定居形式就是城市，所以在没有本土城市传统的地方，他们设计了一个聚居体系：印第安人村庄。因此，在殖民化开始后不久，他们就鼓励建立这种类型的居民点。每个地区居民点的名称不同：例如，秘鲁和安第斯山区的"保留区"、新西班牙的"会众区"，以及新格拉纳达的"聚

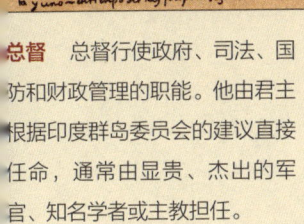

总督 总督行使政府、司法、国防和财政管理的职能。他由君主根据印度群岛委员会的建议直接任命，通常由显贵、杰出的军官、知名学者或主教担任。

科雷吉多尔 西班牙的地方长官或市长。在美洲殖民地，科雷吉多尔是王室和王室权威的代表，充当调停人的角色。作为法官，他高于首席阿尔卡德。他担负着保护公民社区利益的责任，特别是印第安人的利益，并确保贡赋正常收取。

阿尔卡德 西班牙的市长、镇长、村长。常任阿尔卡德是市议会的主席，由居民或市议员选出。他对市政事务作出裁决，并在民事和刑事案件中行使警察和司法管理职能。

居区"或"庇护区"。

　　美洲印第安人的聚居对王室、教会、移民者和征服者都有利。对于王室而言，它有利于对印第安人进行政治和财政控制，并将他们纳入殖民体系。它使殖民者可以掠夺原住民的土地，因为印第安人被强行聚居会释放出数千公顷的社区土地，这些土地被分配给半岛居民或被王室权力机关充公。而教会（尤其是修会）为了促进传道，抑制偶像崇拜，对这一政策的实施做出了很大贡献。宗教团体极力鼓励原住民社区集中以参加教堂及堂区的建设。渐渐地，圣地变成了原住民社会生活的中心，在殖民地鼓励聚居的法律支持下，把印第安人集中在教堂和修道院附近以便于管理。该体系因而打造出一个绝佳的符合多方利益的共生体：传教、对美洲印第安人的政治和财政控制，以及轻易占有新领土的可能性。

在西班牙占领的最初几十年间，印第安人村庄的管理保留了些许美洲印第安人的特色。随着时间的推移，出于同一化考虑，他们逐渐抹杀了这些特色的存在。最初作为社区成员负责保护土著社区的完整性和利益，印第安常任阿尔卡德和科雷吉多尔被看作是社区的重要人物。这导致了双重负责制管理形式的出现：村庄既有印第安常任阿尔卡德或科雷吉多尔管理，又有一名西班牙人管理。这种体系的改变使阿尔卡德或科雷吉多尔最终往往成为剥削印第安人最甚者，他们将贡赋和农业产出都据为己有，将印第安人作为劳动力廉价出售，或者与商人勾结欺诈印第安人。

聚居政策的结果就是印第安人的同质化，无论他们是否属于同一社区、同一民族，他们都必须生活在同样的空间里，都必须遵守同样的法律。在一些地区，如尤卡坦，美洲印第安部族经常发生冲突，并且各个社会等级之间早已划分出明确的政治界线。因此，这些地区存在一些从属社区或者被认为是低等的社区，但这些土著很快就被迫生活在一起，接受他们在理论上处于平等地位的事实。

最初几年，定居在同一个城市的各部族还保留着某些差异（虽然村镇或街区将原有社区或不同政治身份的人集中在了一起），但是时间和殖民当局使这些内部界线消失了。有些美洲印第安人拒绝在修士和殖民者的统治下聚居生活。如同智利的马普切人那样起来反抗的部族，由于拒绝以社区形式生活而遭到了暴力镇压：他们的土地和村庄时常被破坏，有一些部族甚至被灭绝。其他一些部族则过着颠沛流离的生活，长期处于战乱之中，或逃到偏远又不适合生存的地区，以逃避贡赋的重压或被征用到矿区劳动的命运。还有一些部族选择在大地主的庄园生活，而不是在村庄定居。在萨卡特卡斯（新西班牙）或万卡韦利卡和波托西（秘鲁）等采矿中心周围，有大量印第安人为逃避强制劳动而逃离。

美洲印第安人争取正义和尊严的斗争

历史学家刘易斯·汉克（Lewis Hanke）所称的"美洲的正义斗争"从哥伦布想要把加勒比海印第安人变成奴隶并迫使他们为西班牙人工作起就开始了。伊萨伯拉女王不赞成她的任何臣民被奴役，因此要求立法者制定法律，以保护新属地的印第安人。

国王斐迪南（1514）、查理五世（1549）和腓力二世（1566）对征服新领土进行了限制。从立法和神学的角度而言富有成效的讨论，在实践中却没有效果。1512年，在蒙特西诺斯和其他修士的谴责下，布尔戈斯法律承认印第安人的权利，并给予他们法律保护。1542年，《新法律》的实施遭到了领主们的反对，并引发了叛乱，秘鲁总督努涅斯·德·贝拉被暗杀。尽管进行了立法工作，而且拉科萨等传教士和胡安·德·祖马拉加（Juan de Zumárraga）和瓦斯科·德·基罗加（Vasco de Quiroga）等主教对奴役印第安人的行为不断谴责，但从未真正找到解决问题的办法。

插图 奥苏纳手抄本（约1565）（现藏于墨西哥国家图书馆）。

城市，克里奥尔特征形成的摇篮

交杂是殖民地城市的真实写照。虽然最初人们梦想的是二元化的城市，即在一个城市里重建西班牙人和印第安人各自不同的区域，但是渐渐地城市中心成为各社会阶层、族裔群体和各种血统者融合的大熔炉。西班牙城市很快变成了交杂的多种族融合所在，能够接纳从农村地区迁移过来的大量人口，甚至是旧大陆的到来者。

从征服开始交杂现象就出现了，并且不断增强，因为双方都需要进行产品、工作、薪金、知识和情感的交易或交流。另外，这种人员的混合使社会和管理更加稳定，同时也是17世纪克里奥尔特征形成的摇篮。克里奥尔人兼具西班牙和美洲特征的城市精神、意识形态以及身份，这些都形成于大都市。

本地人以服务人员、雇工、士兵、商贩、手工业者、家仆，甚至情人的身份融入城市。一些前西班牙时期的贵族通过政治或者家族盟约与欧洲人联系在一起，能够进入城市的统治精英阶层，从而有利于由商人和手工业者组成的印第安资产者的出现，并借由市议会维持本土机构、习俗和管理形式。

在定居的最初几十年间，工作在城市里的印第安人居住在塞尔卡多斯（印第安人集中居住区）。生活在西班牙人重建的城市（墨西哥、库斯科、米却肯）的人们从来没有离开过这里，他们中的大多数继续保留在西班牙人到来之前的职位上。

对于原住民而言，城市是一个相对自由的空间，因为这里提供了更多的工作机会并使他们能够比在矿区和乡村更加体面地谋生。印第安人很快接受了西班牙人的习俗，以他们的方式生活、工作，以及穿着。在大城市，他们可以毫无限制地往来，有机会提高社会地位，还可以出入娱乐场所。在大城市，文化渗透、交融和自由的程度无疑都比农村更高。

广场、散步场所和餐厅

主广场是城市的中枢和社会活动的最佳场所。作为世俗和宗教权力的所在地以及世俗和宗教活动的舞台，最重大的事件都在这里上演——宣布法令、司法判决（火刑判决仪式和宣判）、缔结合同，以及举行最庄严的政治、宗教和军事仪式。但最

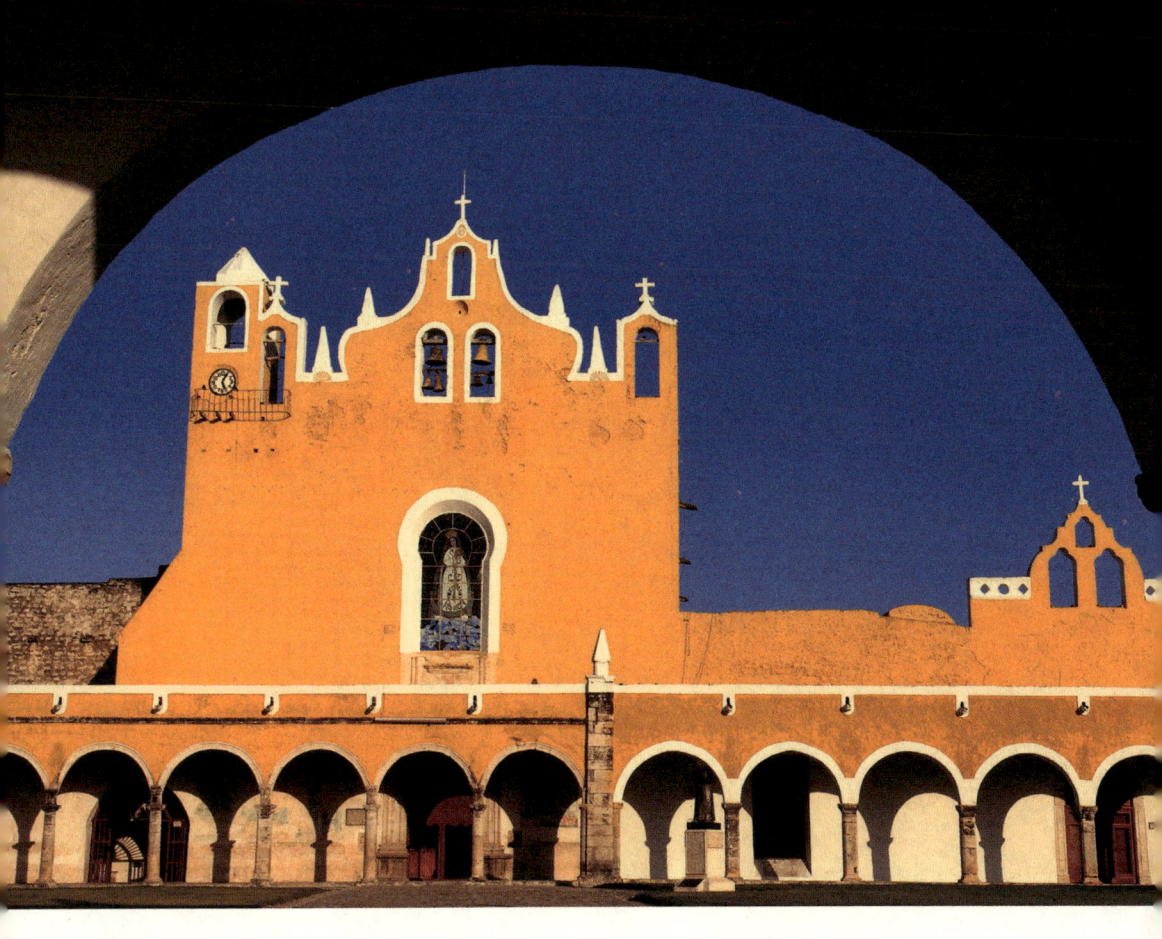

重要的是，在主广场和大城市的其他街区广场都会有集市，这里是城市居民必去的地方，也是城市人、农村人、印第安人、黑人、克里奥尔人和白人最喜欢的聚集场所——无论其社会地位高低。因此，主广场是一座大熔炉，西班牙文艺复兴时期的精英主义、有序梦想与城市所有居民对其空间的大众化和非宗教化的使用在其中融合。

散步场所——每座真正的城市都应该拥有这样的休闲场所，这里是女士们和绅士们自我展示的窗口和通道。1592 年，墨西哥设计了大型的散步场所；17 世纪初，利马也有了散步场所。阿拉米达-德洛斯德斯卡尔佐斯是利马人喜欢的大道，它复制了塞

方济各会传教团

该传教团的成员于 1493 年陪同第一批探险队出行，是最早到达美洲的宗教人士。他们于 1519 年随科尔特斯抵达墨西哥。

插图　尤卡坦岛伊萨马尔的圣安东尼奥-德-帕多瓦方济各会教堂。

圣多明哥修道院
（第 176—177 页）

位于利马的历史中心，建于 1535 年。它的回廊上装饰着华丽的塞维利亚蓝色彩釉瓷砖。

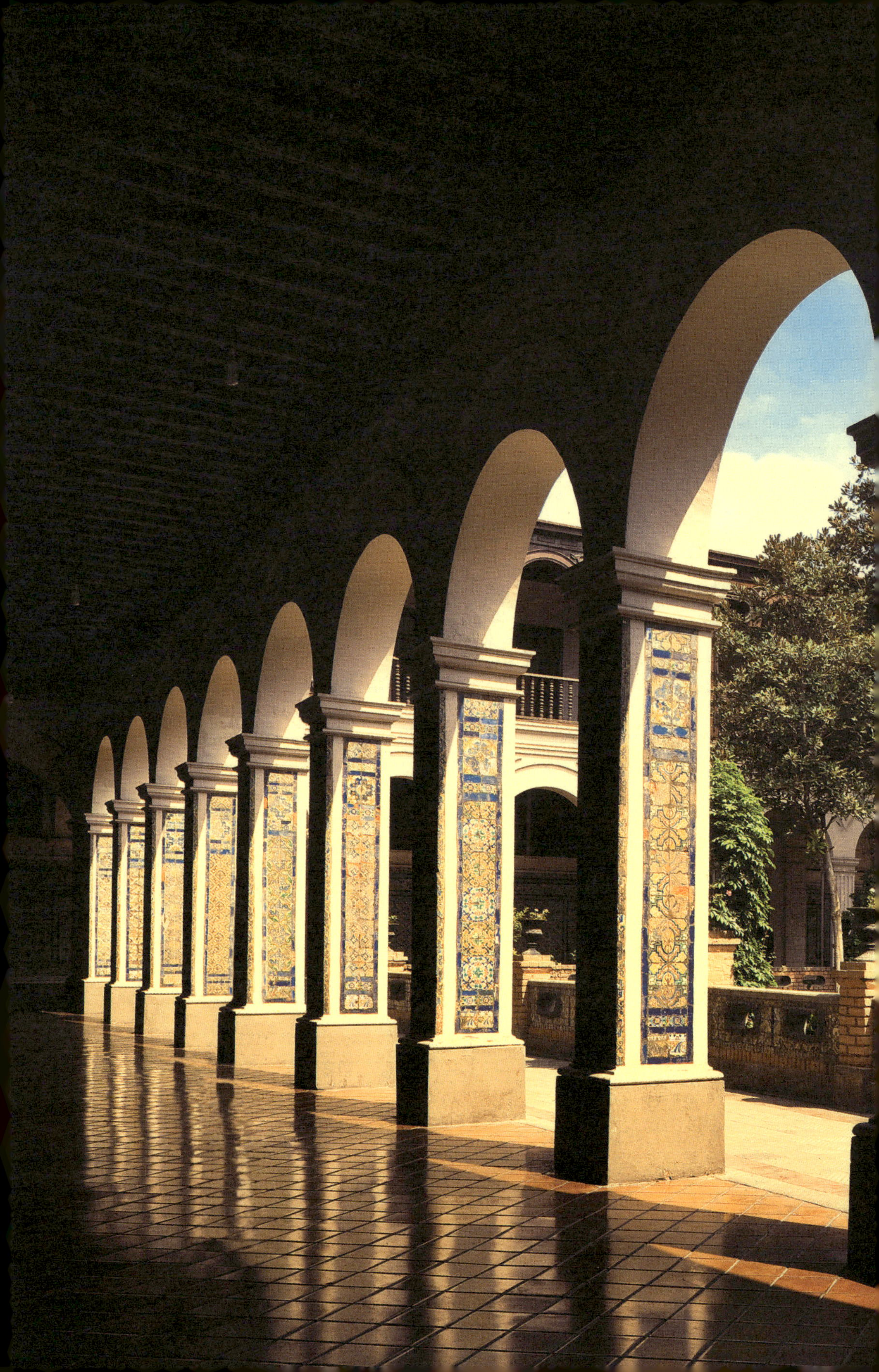

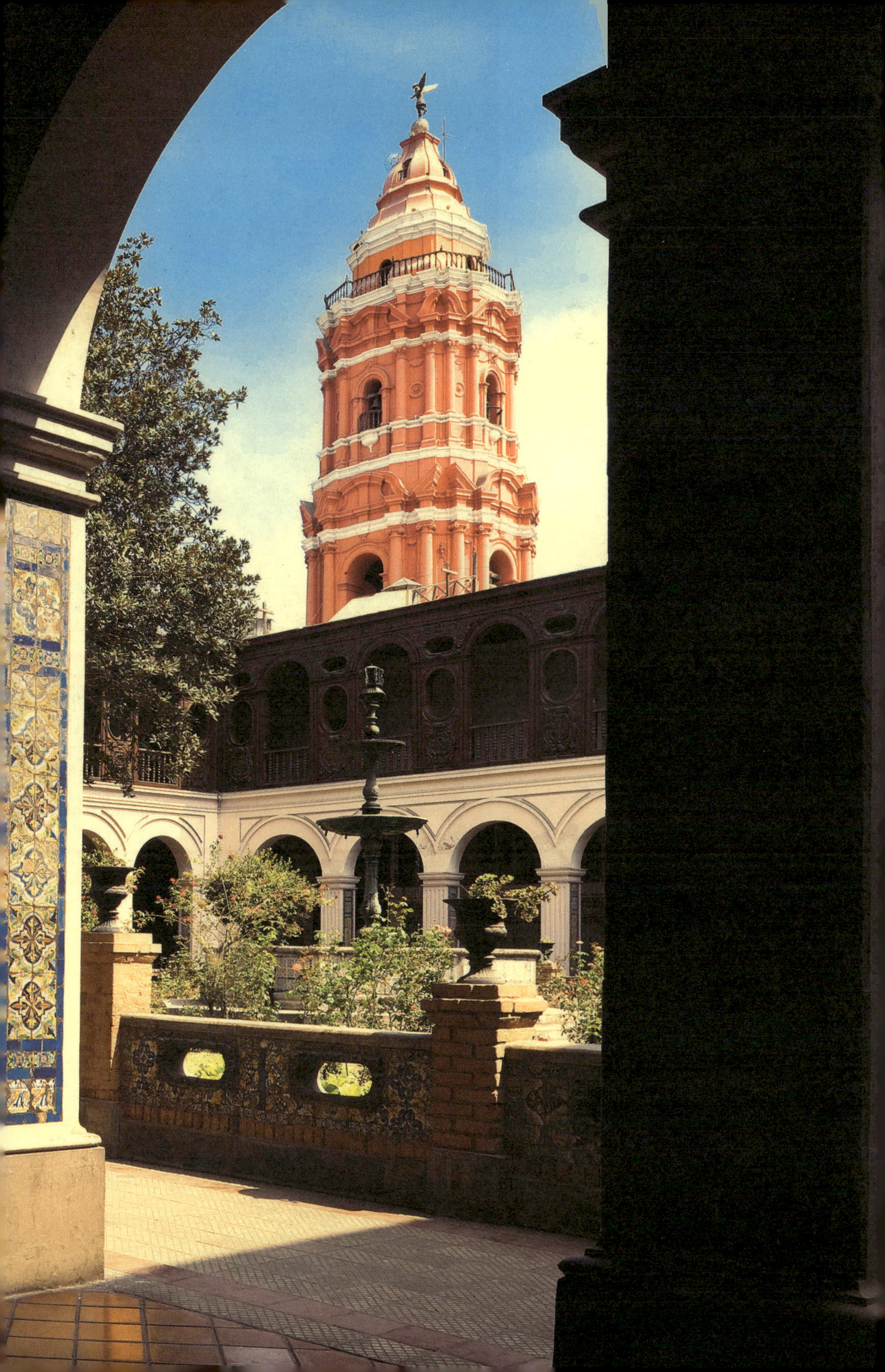

■ 美洲城市生活

马普切人的雕塑作品

该作品由安山岩雕刻而成，保存在特木科的阿劳坎尼亚地区博物馆。在西班牙人到来的时候，智利南部生活着近 50 万马普切人，或（西班牙人称作的）阿劳坎人。阿隆索·德·埃尔西拉在 1569 年出版的诗作《阿劳加纳》中赞颂了他们的独立精神。

维利亚赫拉克勒步行街的规划（马德里的普拉多步道是另外一种模式），其中有 7 条林荫小路和 4 个喷泉。

餐厅是政府允许售卖白酒的场所，是另一个适合市民见面和聚会的地方。有一些酒吧是印第安人、黑人和梅斯蒂索人等普通大众经常光顾的地方，其他酒吧则是白人和半岛人的专属之地，虽然两者之间的界线很模糊。如果当局允许，人们可以在一些餐厅喝酒、玩牌、唱歌、跳舞，直到凌晨。

混血人种

在土著人口崩溃和被当作奴隶的非洲劳工到来之后，出现了新的种族构成——混血人种。18世纪，一位佚名作者的16幅铜版油画表现了这一主题：插图的文字写明"阿尔巴拉多人，穆拉托人和唐多爱莱尔人的混血后裔"。唐多爱莱尔人（西班牙语本意为"飘在空中，停留在空中"，此处指无法说清自己血统来源的人）是黑人和梅斯蒂索人（西班牙人和印第安人的后代）爱的结晶。穆拉托人是西班牙人和黑人的混血。尽管梅斯蒂索人有自己的社会空间，但他们一直是半岛人和克里奥尔人（在殖民地出生的西班牙人后裔）种族偏见和蔑视的受害者。（现藏于马德里美洲博物馆）。

在利马（西班牙美洲城市的典范），住宅类型是社会等级的明显体现。统治精英阶层（半岛白人和富有的克里奥尔人）住在市中心的宫殿或者豪宅里，教会人士住在修道院或主教建筑里。这些住宅类型有时混合在一起：在一幢豪华宅邸附近可能有印第安人、黑人和贫穷的克里奥尔人的社区。

圣洛伦索·德·卡兰加斯教堂

这是波托西的第一座教堂，始建于1548年。

插图（右侧）3个玉米穗装饰的人形陶瓷翁，献给生育之神的作品。莫切文化（约公元700年）现藏于伦敦大英博物馆。

文化的碰撞

此前完全互不相知的文明和种族，发现彼此的经历并不相同。欧洲人把他们的风俗、文化和文明强加于对方，而美洲印第安人则目睹了自己文明的毁灭。然而，新世界的发现在欧洲引发了深刻的变化，改变了16世纪时人们的思想。

殖民进程把整个美洲联系在一起。欧洲人的发现同样也是美洲大陆居民对自身所处大陆的发现。从16世纪起，美洲开始意识到它的一体性。正如法律和贸易一样，基督教和西班牙语赋予了这片领土普遍性、一体性和认同性。这片与世界其他地方隔绝的领土，其居民数千年来也从未交流过，这种隔绝最明显的例证就是前哥伦布时期中美洲和安第斯两大文明世界的隔离——除了一点儿传闻逸事之外，阿兹特克人和印加人对彼此几乎一无所知。另外，北美洲各部族之间也处于孤立状态，很多民族之间极少往来。

从阿卡普尔科到马尼拉：马尼拉大帆船行驶的航线

1564年，腓力二世密令米格尔·洛佩兹·德·莱加斯皮（Miguel López de Legazpi）征服菲律宾群岛，以阻止葡萄牙在太平洋上的扩张。虽然莱加斯皮在墨西哥是一位出色的王室官员，但他缺乏海上经验；远征的海上事务因此被委托给宇宙志专家安德烈斯·德·乌尔达内塔（Andrés de Urdaneta）。

在到达菲律宾群岛之后，莱加斯皮要求乌尔达内塔为返回墨西哥的航程规划最佳路线。1565年6月1日，这位"圣彼得"从宿务出发，向东北方向航行，到达了日本所在的纬度地区。然后，为了逃离海盗，他充分利用西风一直航行到加利福尼亚沿岸。几天之后，他在阿卡普尔科登陆。乌尔达内塔确定了菲律宾和墨西哥之间的路线，此后马尼拉大帆船一直沿这条路线航行。在阿卡普尔科湾停船之后，他在墨西哥沿岸选择最佳位置作为太平洋武装商船到达点。这条航线对于统治菲律宾群岛和加强与东方的贸易至关重要。1566年，耶罗米号武装商船从阿卡普尔科出发，开始了美洲、西班牙和菲律宾群岛之间早期货物和人员的定期交流。直到1815年马尼拉大帆船的最后一次航行，在墨西哥和菲律宾群岛之间航行的船只都取道乌尔达内塔航线。

插图 右图：1620年德国版画上的阿卡普尔科港；左图：印有查理五世头像的银币，使用大约在1566年武装商船带回来的白银轧制而成。

西班牙人绕过哈恩角的海上航线第一次把东部和西部沿岸联系起来。因此，卡韦萨·德·巴卡、费尔南多·德·索托、巴斯克斯·德·科罗纳多、莫斯科索、阿尔瓦拉多和梅嫩德斯·德·阿维莱斯（Menéndez de Avilés）等探险家使从未互通的部族建立起了联系。

由于西班牙人和葡萄牙人的远征，真正打开了这片大陆，开辟了新的跨美洲贸易路线，同时也让各个部族互通

安德烈斯·德·乌尔达内塔（1498—1568） 他是一名水手和宇宙志专家，也是埃尔卡诺的徒弟，拥有丰富的横穿太平洋的航行经验。他曾是奥古斯丁修士，在修道院隐修。腓力二世安排他重新出海，陪同莱加斯皮远征菲律宾群岛。安德烈斯·德·乌尔达内塔肖像画，由维拉恩·德·阿扎（Villán de Aza）创作于1890年（现藏于圣洛伦索-德-埃斯库里亚尔皇家修道院）。

交流——阿兹特克人和印加人，查克人和巴塔哥尼亚人，以及亚马孙人和加勒比人。

在当时还没有人居住的地方（波哥大、查尔卡斯、拉巴斯、亚松森、梅里达、布宜诺斯艾利斯）创建城市，为大陆增加了新的居住点，这有利于新的内部交通路线的开通；还形成了许多充满魅力的、重要的文化，社会和政治中心，并使之前互不了解的地区有了交流。西班牙人有组

文化的碰撞

织且先进的规划把在同一空间的各城市从商业和政治上联系起来，并提供了这一空间内的包容模式，鼓励每个人参与这一正在形成的社会。

在利马、阿卡普尔科、维拉克鲁斯、哈瓦那、阿里卡、巴拿马、卡塔赫纳、瓜亚基尔或圣地亚哥等城市，保持着频繁而定期的海上交流。亚马孙河的发现打开了内河航运道路，使安第斯部族和森林里的部族或加勒比部族有了交流。哈瓦那和圣多明各开始迎接来自拉普拉塔河口或里约热内卢湾的船只。此外，自1570年起，菲律宾群岛融入了美洲大陆的贸易和政治及社会关系中。

这些新的跨美洲航线以及横穿太平洋和印度洋的跨洋贸易改变了世界，并开启了历史上的第一次全球化。欧洲和美洲的西印度群岛之路连接并改变了两个大陆的经济。奴隶贩子的三角贸易悲惨地毁灭了数百万非洲人的生活，但同时连接了非洲、欧洲和美洲。马尼拉大帆船促进了太平洋和美洲沿岸之间的直接贸易，葡萄牙航海家为欧洲与东方贸易的极大增长做出了贡献。大约在16世纪中期，墨西哥和秘鲁的白银用于购买中国的布匹或用于支付给热那亚的银行家、德国的放贷者或荷兰的奴隶贩子。与此同时，在新西班牙总督辖区首府，政治精英一边品尝着非洲仆人端上来的巧克力，一边评论着利马（20年前还不存在的城市）总督的玩笑话，谈论着西班牙和葡萄牙在东太平洋地区的征服进程。

在美洲大陆内部以及各大陆之间开始的物种大交换，同样是一体化和全球化进程中的一部分。物种大交换与边境的扩大和海上航线的扩展齐头并进。生物交汇的时代开始了：来自欧洲、美洲、非洲和东方的动物、植物、微生物以及人类，从一个地区到另一个地区，或生存，或死亡，或共存，或杂交，催生了新的物种。例如，今天在美国消费的玉米与危地马拉和阿根廷农民曾种植的玉米是同一个品种。花生是加利福尼亚饮食的重要组成部分，早在公元前3世纪就在秘鲁种植，并由西班牙人带到欧洲，由葡萄牙人带到非洲，最终由荷兰和英国奴隶贩子作为黑奴船上的食物被引入美国。辣椒、马铃薯、番茄、烟草、菠萝、豆类、草莓、香草和火鸡都是从美洲出口到世界各地的品种，并逐渐在欧洲被接受。欧洲人带来了大麦或小麦等谷物、许多果树、葡萄树、山羊、绵羊、兔子和马，它们很快就成为美洲风景的一部分。

人口灾难

在这次物种大交换的浪潮中，最具负面影响的是微生物迁徙对所有原住民群体的冲击。没有人可以否认，征服带来了战争、暴力冲突，还造成了成千上万被剥削劳动力的死亡，但这不是美洲印第安人口突然崩溃的唯一原因，有些印第安群体甚至与欧洲人没有任何接触。

安的列斯群岛的原住民在近25年里几乎全部死亡，大约500万人丧生，相当于当时全部的西班牙人口。在秘鲁沿岸，1533年至1570年，疾病波及大部分印第安人，只有5%的印第安人幸存下来；在高原上，大批人口死亡的情况较少。法国人类学家和历史学家纳唐·瓦赫特尔（Nathan Wachtel）指出秘鲁人口从1530年的1000万下降到1560年的250万，在1590年左右只有130万到150万。在北方和墨西哥沿岸地区，16世纪末只剩下三分之一的土著人口；在中央高原和南美洲，人口数量的下降更加明显。在西班牙人到来之前，战争就已经存在；征服者发动了战争并把恐怖作为实施掠夺的武器，一些阿德兰塔多把丧失理智的暴力当作他们的旗帜。战争同样引起了种族之间的对抗。但所有这些并不能解释如此大规模的人口崩溃的原因。虽然存在多方面原因，但流行病毒显然是罪魁祸首。

欧洲人的航船带来了他们具有免疫力的疾病。在《生态帝国主义》（*Ecological imperialism*）一书中，历史学家阿尔弗雷德·W.克罗斯比（Alfred W. Crosby）提出了欧洲人在生物和生态方面的优势。他认为，来自欧洲的人、动物和植物都具有更强的抵抗力，因为他们已经与偏远地区的部族和文明进行了接触，身体在几千年的发展过程中产生了对各种疾病的免疫力，因此更能适应新的领土，也有能力摧毁并取代各种条件下生存的原住民。

美洲印第安人几个世纪以来并未与外界接触，因此对于来自欧洲的传染病没有免疫力。天花在圣多明各和墨西哥肆虐，1558年至1559年，在秘鲁造成了数千人

■ 文化的碰撞

感染天花的印第安人

征服者带到美洲的疾病，尤其是致命的天花，与原住民人口的崩溃有很大关系。

插图 来自特鲁希略手抄本，作者巴尔塔萨·马丁内斯·孔帕尼翁（Baltasar Martínez Compañón）(1737—1797)（现藏于马德里皇家图书馆）。

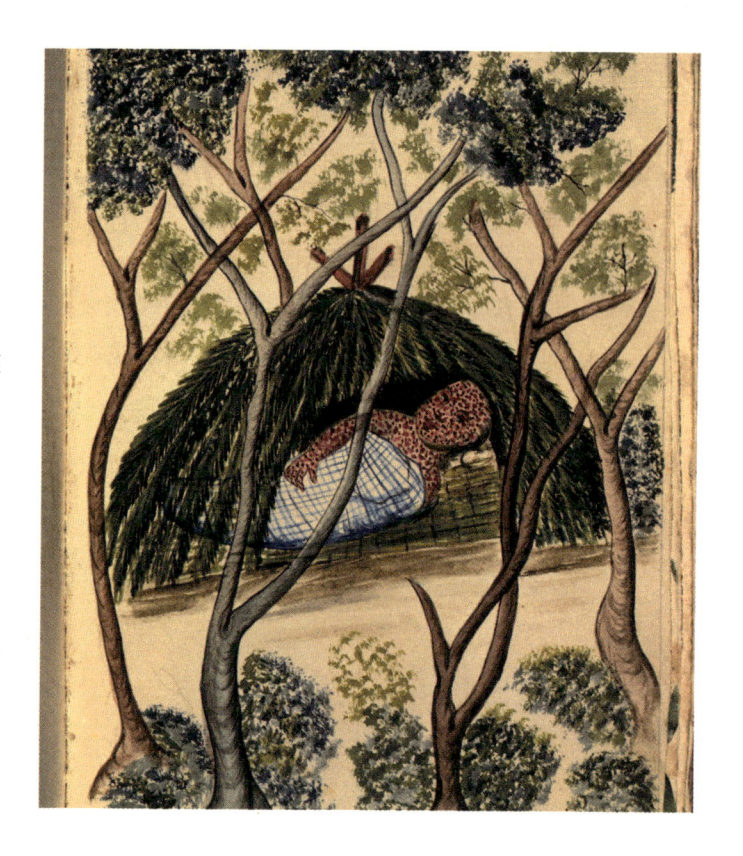

死亡。在围攻特诺奇蒂特兰期间，阿兹特克人也经历了这场在整个中美洲蔓延，甚至直到安第斯地区的传染病。瓦赫特尔引用编年史作者波马·德·阿亚拉的观点，推断在 1524 年毁灭安第斯地区各群体的正是天花或麻疹中的一种，瓦伊纳·卡帕克也因这种疾病而死。从 1530 年起，麻疹侵袭了安的列斯群岛和美洲大陆的原住民。

1557 年，欧洲流感病毒传播到美洲，事实证明，在这里它的毒性更强。著名的马特拉扎华特尔（地方性斑疹伤寒）在今天被确认为斑疹伤寒的一种。这种病菌在 1545 年造成了墨西哥人口的大量死亡，并在 1576 年导致了中美洲其他地区大批人口死亡。基多、波哥大、库斯科、利马和智利北部在 1585 年和 1591 年经历了天花、麻疹和流感三重传染病的袭击。在接下来的几个世纪里，由于幸存者的后代生物性增强，即体质增强，传染病灾难才渐渐平息。这种生态弱势是 16 世纪美洲大陆严重人口危机的主要原因。

社会结构的破坏

在被征服之前的玛雅、阿兹特克或印加作品中包含了很多关于远古的神会到来或返回的预言。在楚马耶尔的《契伦巴伦之书》中有预言：伴随着类似西班牙人到来这样的神迹，玛雅人将迎来一个新的时代。在阿兹特克人和印加人中，他们的神将返回的神话广为传播。在墨西哥，英雄之神魁札尔科亚特尔去往东方的时候承诺，根据52年一个周期，他将在一个芦苇年（ce-ácatl）的时候回归。科尔特斯在1519年从东面到达，那一年正是芦苇年，因此莫克特祖玛把他当作魁札尔科亚特尔就不足为奇了。在秘鲁，维拉科嘉神从西部的海上消失，并宣布印加王国将会在第十二个国王统治时期被有大胡子的人终结。皮萨罗带着他的大胡子部下从西海岸登陆，此时正好是第十二个皇帝的统治时期。预言果然成真，我们就不难理解为什么卡哈马卡印第安人会不知所措、瘫痪而失去战斗力。

西班牙人最初被认为是神或者至少是高人一等的存在，面对他们，印第安人无能为力。然而，这些外来者的人性以及他们也会死去这一特点很快就表现出来了，但事实证明，心理上的冲击与托雷得的火枪、骑兵或利刃一样具有决定性作用。西班牙人的到来，至少在最初被解读为一个宇宙时代的终结和一个新时代的开始。阿兹特克人和印加人认为自己被他们的神抛弃了，并目睹了一个时代的结束和另一个新时代的开始。不可否认，一些部族，尤其是那些受制于阿兹特克人和印加人的部族，在这些外来者身上看到了神或者人给予的摆脱附庸地位的机会。科尔特斯和皮萨罗非常懂得利用这一点，成功组建了一支人数远远超过西班牙人军队的土著军队。

从宗教的角度来看，印第安人的失败意味着他们的神灵已经失去了力量或已经抛弃了他们。阿兹特克人自认为是被主管战争的太阳神威齐洛波契特里选中的部族，他们的使命是征服特诺奇蒂特兰周围的所有部族。因此都城的陷落被阐释为太阳神和他选中的部族的末日。

对于安第斯人来说，印加皇帝是介于神和人之间的统治者，印加帝国代表了世界的中心。阿塔瓦尔帕和曼科·卡帕克二世的被俘及死亡标志着宗教和谐的结束。

文化的碰撞

《契伦巴伦之书》：玛雅人的预言

《契伦巴伦之书》是一本在征服之后把玛雅语转换成拉丁文的书。此书汇集了很多玛雅文化传统的内容，但由于西班牙人的出现，存在一定的信息混合，其内容与原版有细微差别。

虽然《契伦巴伦之书》中神秘的启示催生了各种理论和预言，但其全部含义仍有待破译。这些作品由匿名作者撰写，对玛雅人的生活和历史提出了天命论的看法。该书预言了新的神和征服者的到来，仿佛玛雅世界的末日是一个无法逃避的结局。在13阿豪周期的第8年，太阳神崇拜的祭司阿金斯宣布了这一预言，因为他们从卡屯（20年时）文稿的符号中读到了这个预言，明白西班牙外来者将如何到来。因此，西班牙人的到来证实了几个世纪前就已经存在的玛雅末日预言。阿兹特克人和印加人也有类似的预言。

插图 浮雕作品，刻画了全副武装的玛雅国王帕贾罗·嘉伽尔四世和他脚下的囚犯的形象（恰帕斯州，亚斯奇兰第16号门楣）。

印加帝国的灭亡不仅导致了帝国政治和经济权力的毁灭，也意味着印加人宇宙观的崩塌和人与神之间的平衡被打破；在西班牙人到来前安第斯帝国内骨肉相残的战争和内部的分崩离析也已经打破了这种平衡。

被征服的心理创伤远远超过了外来者到来和众神之死造成的心理冲击。在经过了与旧帝国的割裂和混乱之后，西班牙王室对新大陆的整治开启了多种文明交融的进程，由此形成了17世纪多种族和克里奥尔人的新型社会。

经济转型

在短短几十年间，安第斯世界从以物易物和自给自足的社区经济发展到了新生的货币资本主义经济。在安第斯社会，牧场和耕地根据家庭单位的大小进行分配，而且这种分配方式会定期进行审查和调整。根据在安第斯世界根深蒂固的自给自足原则，每个家庭单位可以在每个农业区得到一块土地，从而获得互补的农产品（玉米、土豆等）。这些家庭也可以请求劳动力支援，帮助他们进行农业或畜牧业劳动，以换取肉类、古柯和其他食物；此外，必要时他们自己也可以提供帮助。这种团结以及关于劳动、土地和生产方式的社区观念构成了所有经济和社会关系的基础。

以集体方式耕作属于印加皇帝或库拉卡的土地，这种劳动被看作是一种宗教仪式或宗教精神，而且是在财富和剩余产品再分配体制下的劳动。然而，在16世纪初，一些地区的人口迁移逐渐破坏了这种制度。印加的扩张导致了人口迁移和征调，破坏了家庭联系和对土地的依附关系，瓦解了社区经济。供养庞大军队的需求也破坏了地区经济的再分配体系。

西班牙人的到来加速了刚刚开始的解体进程。新的统治者把土地随意地划分成领地或庄园。原本具有严格政治、社会和经济单位划分的领土，被征服者随心所欲地分开或集中起来。经济多样化也引发了一些问题：许多印第安人被迫在矿场劳动，这打破了社区经济赖以存在的关系结构。除此之外，还存在三个新的破坏性因素——王室的贡赋、货币的引入和基于自由贸易的经济。

这些干扰在秘鲁比在墨西哥更为严重，因为印加的臣民习惯于以劳动而不是以

■ 文化的碰撞

米塔制，对印第安人的剥削和新资本主义

　　查理五世和腓力二世的帝国机器在统治欧洲的过程中穷兵黩武，吞噬了大量资本。美洲矿藏的贵金属必然地成为所需资本的来源。1570年，矿藏的系统化开发达到了收益的高峰。

　　从其他矿物中分离银的汞合金技术此时出现。墨西哥的雷亚尔-德尔蒙特、萨卡特卡斯、杜兰戈和瓜纳华托，特别是波托西的里科山、奥鲁罗等大型矿区的矿脉和秘鲁的万卡维利卡规模宏大的汞矿都被充分开采。为了组织秘鲁矿区的印第安人工作，西班牙人采用了米塔制。这是印加人在安第斯世界管理集体工作的一种劳役制度，每个村庄提供一定数量的劳动者。波托西每天需要4500名米塔劳工；每个星期的工作之后必须有两个星期的休息时间，因此每年需要14000名印第安人来确保轮换。墨西哥的矿场也需要相当数量的劳动力，此外，还需要在各金矿和万卡维利卡使用的米塔劳工。他们在海拔4000米的平巷里，在非人的条件下，每天工作12至14个小时。

　　插图　1590年在波托西轧制的银质雷阿尔。

金钱的方式来为服务支付费用。第一部关于向领主缴纳贡赋的规定直到16世纪中期才出台。沉重的赋税迫使印第安人在米塔制等制度下工作。从1570年起，贡赋最常用货币方式缴纳，但也有用玉米、牲畜或制成品来支付的情况。

　　虽然贡赋终结了剩余产品再分配体制，但不应忘记的是，阿兹特克帝国和印加帝国都是帝国统治体系，它们都通过暴力、沉重的税捐和劳役来实施统治。在有社区传统的农村地区，在引入西班牙赋税制度之后，印第安人放弃了自己的田地，只为领主劳动以偿付赋税。不过，离总督府较远的部族还保持着自给自足的社区经济。

　　每个区域的赋税都与当地印第安人的数量挂钩，他们

集体负责偿付。由于人口的崩溃，一些社区很快就无法承担这些负担，引发了很多问题和争端。西班牙人霸占了死去印第安人、无法支付赋税而破产的贵族、库拉卡和逃往矿场或城市的原住民的土地。他们获得土地后便不再征收相关赋税，而是将其转移到印第安人的集体土地上，继而形成了窒息经济的恶性循环。

随着货币缴税制度的确立，印第安人有了新的劳动方式。萨卡特卡斯（墨西哥）矿场满是自由劳工。波托西的丘陵成了安第斯地区的经济中心。获得自由的印第安人在矿场找到了赚钱的最佳途径，而庄园主和库拉卡则派去了米塔劳工以抵偿赋税。许多印第安人担任搬运工或到城市从事建筑工作。市场经济就这样在短时间内确立了。

意识形态的渗透和破坏

欧洲人带来的大部分变化对于美洲印第安人而言是陌生的，并且与主宰前哥伦布时期美洲的思想和信仰体系格格不入。

仪式、观念和神灵在这个新生社会中都毫无意义。这些外来者获得了胜利，并声称这要归功于他们的神和信仰，所有人必须信奉的唯一真正的信仰。印第安人感觉被他们的神抛弃了，或者至少是他们的神被打败了。与国家政权相关的官方宗教在原阿兹特克和印加的土地上迅速消失了。传教士的活动传播了天主教信仰，但许多美洲印第安人继续崇拜他们的神，或融合成为一种混合宗教，这种宗教依然是当今西班牙美洲社会中特有的存在。在一定程度上，基督教并没有完全消除古老的宇宙起源论信仰，然而印第安人并不能举行他们的仪式。当地祭司受到迫害，寺庙被摧毁，圣书被烧毁，一些被认为野蛮的宗教仪式——如祭人或嗜食人肉等——被禁止。

与秘鲁相比，墨西哥印第安人很快就表现出了对天主教的更大热情；而秘鲁的安第斯社群还保持着他们的神话和信仰，这和他们所处的自然环境有密切关系。在加勒比海地区出现了一种奇怪的宗教，混合了土著人的仪式、古老的信仰、非洲宗教和天主教。

矿区的工作

特奥多雷·德·布里的这幅画创作于1590年，表现了波托西银矿印第安人工作的情景。除了工作本身的难度外，银矿的地理位置也是印第安人工作艰苦的原因之一。这个世界上最大的银矿位于海拔3900米的里科山，又名"银山"的侧翼。第一个村庄于1545年在山丘附近建立；四分之一世纪后，它拥有了超过5万名居民。

日常生活经历了根本性的变化。基督教习俗改变了一切：从日历到饮食，从婚丧嫁娶到性生活方式（传教士体位）。除此之外，我们惊讶地发现，最早接受天主教和西方文化教育的几代印第安人拒绝接受父辈的习俗和规矩。其中一个重要的反映就是对待饮酒的态度。在前哥伦布时期的社会中，饮酒必须遵守严格的规定。龙舌兰酒（在墨西哥）和奇查酒（在安第斯）只能在宗教仪式或社区活动中才可以饮用。酒是宗教仪式的一部分，是用来与神交流的。在被征服之后，饮酒的禁忌消失了，喝酒变成了因荒唐或悲剧的情感而心碎的男人和女人们的精神寄托。

这种转变，持续了整个殖民地时期和共和国时期，它的发生伴随着文化渗透和坚持传统之间的斗争。在整个 16 世纪期间，原住民中最上等阶层的社会文化适应性很强，而平民阶层更坚决地保持传统。贵族阶层很快就学会了用卡斯蒂利亚语进行口语和书面表达，并接受了天主教。在墨西哥，语言文化渗透很快。1530 年，方济各会为土著贵族男子建立了特拉特洛尔科学校。在秘鲁，为库拉卡而设计的男子学校直到 1570 年到 1580 年间才在万卡约和库斯科创办起来。西班牙人总是把教育优先权赋予特定人群，目的是按照欧洲人的标准领导土著人。

相反，农村社区的印第安人则依然生活在自己的土地上；他们更加抗拒欧化，保持着自己的传统。他们继续使用本土语言，继续以传统方式穿着，保持他们的仪式、信仰和传统。尽管他们不得不进入市场经济，但还是保留了自给自足经济的某些方面。出人意料的是，旧的社区体系依然存在，并通过未被破坏的家庭或部落关系重建。甚至那些已经在城市、村镇或在传教区居住的印第安人也组织起来，以保持他们的社区传统。

总体而言，在墨西哥和秘鲁的城市地区，文化渗透较为成功，欧洲文化占主导地位。而在乡村和离权力中心遥远的地区，传统得到更有力的维护；虽然一些欧洲习俗被接受，但这些习俗只是被融入本土文化体系中，传统思想依然占主导地位。

文艺复兴时期的欧洲人

美洲的发现和对其土地的征服不仅为知识领域注入新的活力，而且对全球经济和社会发展极为重要。从 1492 年开始，新世界进入旧欧洲的视野。从那时起，历史、经济、社会和思想开始交织在一起，以至于一些历史学家认为美洲是欧洲最伟大的成就，而大西洋土地则是 16 和 17 世纪旧大陆巨变的推动力。美洲最终建立了与世界的联系，它与非洲和亚洲的关系逐渐发展和加强。

如果说西印度群岛的发现加快了欧洲发展的步伐，那么文艺复兴则造就了更自信和更乐观的欧洲人，他们不仅能够实施美洲计划，而且能够在旧欧洲内部建立一个新社会。殖民事业肯定了欧洲人在过去几个世纪中已经形成的这种自信和力量。

来自新世界的其他宝藏

如果没有来自新世界的产品，我们目前的饮食是无法想象的。番茄、甜椒、南瓜、香草和辣椒为西班牙菜肴增添了色彩和味道。玉米、甘薯、豆类，特别是马铃薯在18和19世纪的饥荒中拯救了欧洲人。菠萝、杧果和牛油果等水果装点了餐桌。墨西哥人和玛雅人在仪式上使用的可可，成为大西洋两岸的日常消费品；烟草也是如此，它为皇家国库带来了可观的收入。

插图（右侧） 科尔特斯和拉·马林奇接受阿兹特克人的供品，选自《特拉斯卡拉彩绘》（现藏于巴黎法国国家图书馆）。

玉米和可可 上图：可可植物图，选自《马提尼克岛和瓜德罗普岛的植物》（*Plantes de la Martinique et de la Guadeloupe*）一书，作者夏尔·普吕尼耶（Charles Plumier）（1646—1704）（现藏于巴黎法国国家图书馆）。

右图：印加人神圣仪式上使用的镀银玉米棒（现藏于柏林国家博物馆）。

❶ **欢迎仪式** 特拉斯卡拉人欢迎科尔特斯。他在拉·马林奇的陪同下，拜访国王，请求帮助。

❷ **烤架上的鸟** 鸟类是印第安人饮食中的主要肉类，被放在烤架上烘烤。

❸ **火鸡** 与玉米和土豆一起，它们在欧洲深陷粮食危机的时候发挥了很大作用。

❹ **玉米** 这种神赐的礼物是墨西哥人的主要食物。

oncā qnamicq3 mtlatoque
qmaca q̃yxq́ch qualom.

魔鬼的烟雾

　　当西班牙人到达美洲时，他们对当地人用嘴吹烟的能力感到惊讶。他们发现了烟草。当第一批从加勒比海回来的水手也会"吞云吐雾"时，宗教裁判所将其视为一种邪恶的魔法，并禁用烟草。这种植物在安第斯世界很常见，并传播到整个大陆，在玛雅人和阿兹特克人的仪式上使用。除了吸烟叶外，印第安人还用鼻子吸烟草，咀嚼烟草，并将其用于制作祭祀用的香脂、药用香膏和药膏，以治疗水肿和外伤。

　　插图　画有龙舌兰图案的鼻烟盒（现藏于墨西哥弗朗兹·梅耶博物馆）。

▎文化的碰撞

此外，西班牙人刚刚完成了另一项历史壮举，该壮举几个世纪前在科瓦东加开始，并在发现美洲的那一年结束——收复失地运动。这部史诗的高潮是欧洲第一个现代国家的诞生，并由于伊萨伯拉和斐迪南的王朝联合以及对伊斯兰教的最终胜利而增强了国力。此时民族感情增强，到达西印度群岛极大地扩大了视野，也让西班牙君主国的自信不断增长。美洲的发展同样影响了基督教神意的阐释，被认为是向全世界传播福音进程不可阻挡的明证。它加强了对历史的阐释，即通向文明的道路；同时增加了西班牙君主国的优越感。所有这一切导致了欧洲人的强大，对自我的重新发现，及对自身社会和文明的信心。

人类学的改变

除了这些，还有欧洲人经历的更深刻的人类学的变化。随着美洲的发现及其与旧欧洲联系的产生，欧洲人开始改变了对自身的看法，开始酝酿全球发展方式，并发现了一个复杂、多极和相互联系的世界。因此涌现出了新的问题，引发了激烈的争论，一直延续至今。

与美洲和亚洲各国及其人民的接触带来的震撼导致了中世纪以来人们固有观念和思想意识的崩塌；并引发了对从权力形式到艺术手段几乎一切的全面质疑。欧洲对真实美洲的认识是一个极其缓慢的过程。在最初的几十年中，欧洲人带着那个时代思想中固有的成见，从古典和基督教占主导地位的文艺复兴视角出发，在西印度群岛只看到他们想要看到的。他们很难估量到大洋彼岸"新"之价值。尽管如此，16世纪的欧洲人比中世纪先辈们反应更快，对新世界的了解更深。

一些思想家意识到，新世界应该作为一个合法的存在而得到客观的认识，而不是被看作旧欧洲的影子。而且真实的新美洲应该也必须被融入已知世界而被认知。因此那些能从其整体和关联中发展出的清晰认识者，一定是那些长期置身于印第安世界，并能通过写作描述自己的经历和思想的人。

在16世纪，3部奠基性作品把美洲世界进入欧洲思想界的进程推向了高潮。

秘鲁的乔洛人和基督教

这幅画是巴尔塔萨·马丁内斯·孔帕尼翁（1737—1797）的特鲁希略手抄本中的插图。画面中的秘鲁乔洛人学习基督教教义的场景发生在秘鲁的小村庄怀罗纳。在城市和农村的教堂以及保留区中进行传教，向当地人进行思想灌输让他们皈依基督教，这是殖民化的一个基本目标（现藏于马德里皇家图书馆）。

第一部作品是巴尔托洛梅·德·拉卡萨所著的《印第安人护教的历史》（*Histoire apologétique des Indes*）。该书写于1550年，直到20世纪才出版。第二部作品是由宇宙志专家和西印度群岛官方编年史作者胡安·洛佩斯·德·贝拉斯科（Juan López de Velasco）撰写的《西印度群岛地理和全面描写》（*Géographie et description universelle*）。该书于1574年完成，直到1590年才全文出版。第三部作品是何塞·德·阿科斯塔（José de Acosta）的《西印度群岛自然与人文历史》（*Histoire naturelle et morale des Indes*），出版于1590年。这3部著作全面、客观地呈现了美洲的人与自然，并将其看作人类的组成部分之一。美洲从此成为一个历史实体，进入了欧洲主导的、正在形成的全球化的历史进程中。

拉卡萨、胡安·洛佩斯·德·贝拉斯科、阿科斯塔以及其他现代思想家的重要性在于他们接受了美洲文化与欧洲文化的差异。在被深入研究之前，新世界被看

■ 文化的碰撞

作欧洲的简单变种；此后，要了解这个新的世界，真实经历比知识的累积或传统认识更重要。因此，在16世纪，不再了解新世界现实情况的思维方式被彻底摒弃。

西班牙人很早就展开了对占有新世界合法性的讨论，罗马教皇谕旨也对这些领土的让与提出了质疑，这些在当时都是极具现代性的思考；从此美洲进入了欧洲思想领域，进入欧洲与世界历史的视野。同样，蒙特西诺斯（Montesinos）和拉卡萨等人也对西班牙的征服和统治提出了质疑，并产生了重要的影响：斐迪南国王于1514年以及查理五世于1549年都曾暂时中止远征活动，1550年在巴利阿多里德召开了神学家会议，并进行了大规模立法，始终致力于保护美洲印第安人的利益。

随着讨论的深入，萨拉曼卡大学形成了由弗朗西斯科·德·维多利亚（Francisco de Vitoria）带领的神学家团队学派。这些学者奠定了国际法的基础，并从人类的全面视角、从发现和征服美洲这一问题的根源出发，拓展了神学和伦理学的思考范围。其中，萨拉曼卡学派多明我会修士托马斯·德·梅尔卡多（Tomás de Mercado）的经济学论文批评了高利贷者的野心，提倡商业贸易中的道德和公平，主张商业贸易必须体现社会利益。在墨西哥，瓦斯科·德·基罗加尝试将托马斯·莫尔（Thomas More）在《乌托邦社会》一书中提出的基督教人道主义理想付诸实践。

还有一位与贫穷做斗争的杰出人物：巴伦西亚哲学家胡安·路易斯·比韦斯（Juan Luis Vives），在《论对穷人的救济》（De l'assistance aux pauvres）一书中，第一次在欧洲提出建立贫民救助体系，这在当时是一个极不寻常、极具现代性的想法。

在这个遍布不确定性和永远充满质疑的世界里，天主教站在了风口浪尖上。在15世纪中期开始的道德危机中，教会涌现出了伊拉斯谟（Érasme）或西内罗斯（Cisneros）等人，他们不仅主张内部变革，而且提倡更加人文、非严苛的宗教秩序的回归；他们进行了更符合福音精神的改革，为新的社会发展提供了方案。同时，路德和加尔文也在试图寻找一种更自由的宗教信仰，这在教会内部引发了大震

荡。最反动的天主教通过设立宗教法庭和三十人宗教评议会来确立自己的主导地位；而在此之前，宗教机构经历了由文艺复兴时期人类新视角带来的知识和思想上的更新阶段。

对欧洲的经济影响

美洲的发现对 16 世纪欧洲的经济转型起到了决定性作用。亚当·斯密（Adam Smith）、卡尔·马克思（Karl Marx）、伊曼纽·沃勒斯坦（Immanuel Wallerstein）、沃尔特·普莱斯考特·韦伯（Walter P. Webb）或哈密尔顿（Earl J.Hamilton）等思想家都认为美洲大陆是改变欧洲的经济引擎，是世界资本主义萌芽的土壤。

采集者提取龙舌兰汁液

这种酒在美洲原住民中非常流行，由从粗壮的龙舌兰植株叶子中提取的汁液酿造而成。每天，采集者用吸管吸取液体两到三次，并将其倒入一个皮革或木制的容器中，然后将其转移到发酵室，在那里进行发酵。尽管他们面临着艰难困苦，但年轻人和老年人都会陶醉于龙舌兰酒。17 世纪墨西哥屏风上呈现的画面（现藏于马德里美洲博物馆）。

西班牙人对印第安人：征服者的残忍

　　领主制、米塔制的引入和这两种制度下对待印第安人的极端残酷行为，引发了对这种做法的批评，进而形成了一种当代思潮；这些也是在征服之后迅速传遍欧洲的黑色传说的起源。

　　这一传说控诉早期的西班牙殖民者和征服者造成了美洲人口的急速崩溃。现在人们知道，欧洲人带到美洲的疾病也导致了美洲印第安人的大批死亡。然而，不可否认的是，殖民进程一开始，土著人就被强迫劳动，遭受各种虐待：在矿场实施的惨无人道的米塔轮流制，强制性和无偿的个人服务，从日出到日落的劳动，人口的被迫迁徙，过度的赋税负担，在社区土地上无休止的劳动，让人精疲力竭的搬运工作、几乎没有自由时间用于自己土地的耕作，强迫妇女充作乳母，体罚……领主制，是指把一整片土地和相应数量的印第安人交给西班牙人，印第安人必须劳动以偿赋税，以换取领主的保护和向他们传教。这是一种罪恶又悲惨的制度。这种制度剥夺了土著人赖以生存的社区土地，还要以繁重的劳动残酷地压迫他们。

　　插图 在特奥多雷·德·布里1594年的一幅版画中，西班牙人无动于衷地看着印第安人被狗袭击（现藏于纽约公共图书馆）。

　　一个主要的经济革新就是资本流的形成。为了开展远远超出国界的项目，欧洲需要大量资金。西班牙君主国求助于德国、意大利和佛拉芒的银行家、个人投资者或卡斯蒂利亚、阿拉贡和佛拉芒王室，以支持在维也纳和墨西哥、西西里和秘鲁或萨克森和智利等相距甚远的地区开发所需的诸多费用。西班牙君主国对资金流的狂热需求，要求采取必要措施以保护新的经济模式：必须分摊风险以避免借贷者在无法如期偿还债务的情况下破产。国家资源的保障解决了这个问题。皇帝向商人、银

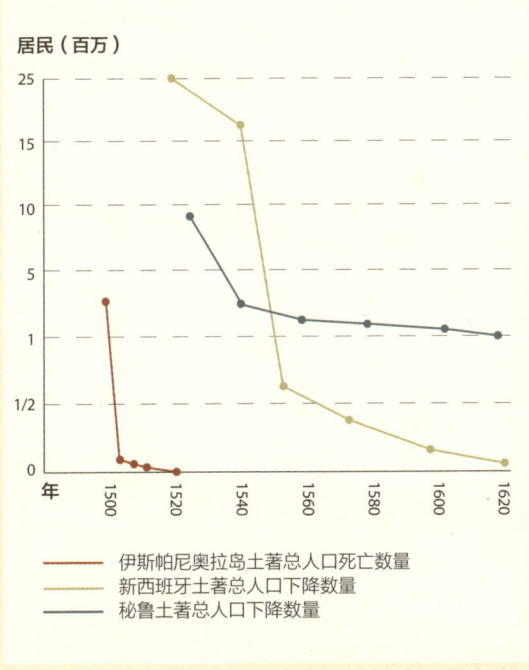

人口的下降 美洲印第安的人口下降，特别是在征服最初几年的人口骤减，反映了征服者为了最大限度聚敛金银和为自己的利益开垦土地而对土著人犯下的野蛮罪行。

行家和私人借贷者提供帝国的大量资源，当来自西印度群岛的金银运输常规化时，这些资源才得以增加。

贵金属的开采和新大陆其他产品的开发促进了工业和贸易的发展。必须在产品和资金上满足西印度群岛和西班牙人，以资助大西洋事业。大部分安达卢西亚的葡萄酒和油类产品、卡斯蒂利亚的羊毛和小麦，以及巴斯克地区的冶金和船舶产品都被销往美洲市场。欧洲充斥着白银——相比黄金，它更缺乏白银，因为白银对于东方贸易至关重要。

■ 文化的碰撞

贵金属的充盈流通对于欧洲大量资本的形成必不可少，因为它为其发起者带来了巨大的利润。白银的到来导致了物价过度上涨，而工资水平还处于低位。这种通货膨胀有利于农产品和手工产品贸易，并影响到土地的征税，尤其是农业用地的价值增加，导致租金上涨。

治理如此广阔和多样性的国家，有必要在各地区之间建立贸易网络，以满足民众日益增长的需求。这样的需求极大地推动了通信和交通体系的发展。给巴利阿多里德、安特卫普或罗马下达的命令普遍适用；因此，在墨西哥开采的白银、在危地马拉染色的织物或东方的丝绸在塞维利亚、维也纳、巴黎或伦敦一样方便地交易买卖。邮政体系得到了完善，随着美洲新发现的不断推进，新的武装商船和舰队缩短了航海时间，交通得到了改善和加强。同样，在一个越来越庞大、越来越相互联系的世界里，政治和经济的管理水平也需要不断提高。

资本主义的开端

直到发现新大陆后约50年，才出现贵金属的大量涌入。直到1550年，当欧洲的需求得到满足时，来自美洲的白银数量才超过一直供应造币厂的蒂罗尔矿场的开采量。这直接导致了通货膨胀，同时促进了欧洲与东方的贸易量增长，经济和贸易活动增强，并积累了大量资本。更加复杂、依赖性更强的全球化经济正在形成。资本主义和个人自由思想开始出现，封建思想正在衰落，一种全新的社会类型开始萌芽。

虽然西班牙垄断了与西印度群岛的贸易，但还是对整个欧洲产生了影响。1503年至1660年，共有185吨黄金和1.6万吨白银运抵塞维利亚，是欧洲储备总量的3倍还多。这些贵金属在西班牙只停留了很短时间。在佩德罗·德·拉加斯卡从秘鲁带回来的1906082埃居（根据贸易署的数据）中，60万被运往德国，40万被运到荷兰，20万被送到帕尔马，10万借给教皇，只有20万到达了卡斯蒂利亚。同样，1590年从瓜达尔基维尔河进入西班牙的1000万杜卡托银币中只有400万留在了国内。其余的600万被用于半岛以外的地方，尤其是用于支付热那亚、德国和佛拉芒的银行家，如富格尔家族、韦尔瑟家族、格里马尔迪（Grimaldi）家族和舒茨

巴尔托洛梅·德·拉卡萨（Bartolomé de Las Casas）和对印第安人的保护

这位塞维利亚人是一名改宗的商人的儿子，于1502年随着奥万多的远征队到达西印度群岛。在美洲最初几年的经历并没有预示出他未来的生活，他参加了征服战争并得到了一片领地。

在罗马被授予神父的教职之后，他又回到西印度群岛，在那里目睹了违反王室法律而对土著人犯下的野蛮罪行。1514年，拉卡萨放弃了领地，致力于倾其后半生为之奋斗的使命——揭露针对美洲印第安人的虐待行为，为废除领主制而斗争；他还提出和平地进行福音传教。这些指控打动了印度群岛委员会和查理一世。查理一世授权他在库马纳地区发展其和平殖民模式，并任命他为恰帕斯主教。此后，计划的失败并没有让他放弃使命。在他的努力下，皇帝中止了征服，并计划于1549年在巴利阿多里德召开神学家会议。拉卡萨放弃了主教职位，专心写作，继续给国王和委员会施压，目的是推动保护印第安人法律的正式出台。

插图 菲利克斯·巴拉作品中的巴尔托洛梅·德·拉卡萨（现藏于墨西哥国家艺术博物馆）。

文化的碰撞

家族，他们之前向王室提供贷款资助了军事行动或美洲贸易。

印第安人的白银或黄金使西班牙能够从东方获得产品，满足了与新领土之间商业活动的需要，能够应对欧洲的经济增长。美洲市场需要越来越多的产品（从船只、纺织品到军事物资和农业产品等），这种需求刺激了旧欧洲的经济活动。因此，除了16世纪60年代的小型危机之外，16世纪是一个经济腾飞的时代，旧欧洲出现了第一次大扩张。欧洲的金融和商业机制与新世界必然地联系在了一起。美洲释放了财富，欧洲在积累资本的同时奠定了未来经济发展的基础，而殖民地的财政仍然取决于外部市场。这种密切的新关系造成的结果就是18世纪及以后的时间里，旧大陆和新世界都无法独立生存，必须相互依存。

商人资产阶级

白银的大量汇集和大西洋彼岸发财机会的倍增，加剧了欧洲社会的不平等和动荡。如贵族等处于社会顶层的群体依靠年金和固定收入生活，与西印度群岛没有任何关系，他们开始感受到通货膨胀的影响，并发现自己在与新出现的社会阶层——商人、工业资产者或冒险家的竞争中处于不利地位，这些人从新世界开发带来的机会中积累了大量财富。我们不要忘记，发现和远征活动是私人行为，小地产主、商人和借贷者在其中冒着风险投入了资本。由此开始了一场真正的变革，在不到一个世纪的时间里，深刻地改变了欧洲社会。这是资产阶级的伟大时代，也是属于最具活力、擅长利用经济形势的社会阶层的伟大时代。

在西班牙，社会阶层的变化伴随着地域重要性的大变动。塞维利亚成了对卡斯蒂利亚乃至对半岛其他地方而言都具有强大吸引力的城市。在16世纪，这里的居民超过10万人，如今还容纳了20万中转的西班牙人，他们从这里登船前往西印度群岛。而梅塞塔高原逐渐变得人烟稀少。美洲和大城市（巴利阿多里德、巴塞罗那、麦地那、布尔戈斯、加的斯、塞维利亚和马德里等）的商业活动需要那些懂得如何利用贸易、工业和王室提供的机会，有能力承担风险和执行项目的能人。米兰、热那亚或安特卫普等其他欧洲主要城市也从贸易中获益并取得了很大发展；科罗涅、

里斯本、布雷斯特、勒阿弗尔、普利茅斯和鹿特丹等大西洋港口的贸易量激增。

美洲的发现也在欧洲范围内产生了政治影响。虽然表面上新发现的土地是教皇对卡斯蒂利亚的馈赠，但实质上王室权力在教会权力之上。征服美洲重塑了西班牙王室对其臣民、欧洲其他国家和教会的权威。

查理五世从没有放弃过在欧洲建立帝国的想法：他的政治构想遍及整个欧洲。虽然有海外领土扩张的利益，但他的权威最主要来自哈布斯堡继承的矿藏，这些分布在德国南部和奥地利的矿场产银量是美洲银矿的 4 倍。直到 1550 年，皇帝在美洲的年收益才刚刚高于其总收入

萨拉曼卡大学

这座位于大学中心的庭院是最初萨拉曼卡大学的所在地，这里曾对当时的思想界产生巨大影响，不仅由于萨拉曼卡学派发起的对西印度群岛殖民化批判性的讨论，也因为他们对经济过程的分析以及对现代国际法的贡献。

插图 萨拉曼卡大学庭院，该建筑于 1428 年开始建造。

205

塞维利亚，商业之都，与美洲联系的港口

1503年，控制和管理与西印度群岛交易的机构贸易署在塞维利亚成立，从此，这里成为人员和货物的必经之地。从贸易垄断中获得的财富改变了这座城市的面貌，使其成为欧洲较大的城市之一。

选择塞维利亚作为通往西印度群岛的进出港有多个有利因素。它的内河港位置很好，在距离海湾100公里的瓜达尔基维尔河畔，是大西洋通往美洲航线的起点，可以不受私掠船攻击。凭借无可比拟的港口结构，它的造船厂成为控制地中海的双桅战船和与加那利群岛保持联系的船只的基地。这座城市能够吸收和接纳大量水手、乘客和过境的商人。这里与瓜达尔基维尔河谷和安达卢西亚的其他地区保持着良好的交流，这使它也成了粮仓和水果蔬菜储存基地。此外，从中世纪起，热那亚银行家和佛拉芒的商人就在这里定居，并为早期远征队提供了资助。由于商业上的推动和河上贵金属的运输，塞维利亚从16世纪末只有4万人的小城，一跃成为一个世纪之后拥有15万居民的大城市。

插图 右图：版画《世界城市风貌图》（1572—1617）之《塞维利亚》，作者，布劳恩（Georg Braun）和霍根贝格（现藏于威尼斯马尔恰纳图书馆）。左图：腓力二世统治时期，塞维利亚黄金时期的杜卡托银币。

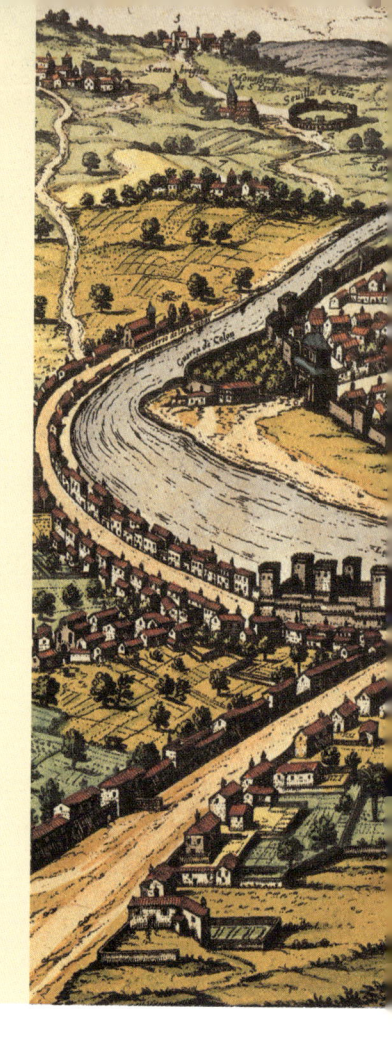

的10%。以奥地利的金属矿做担保，德国和佛拉芒的银行家才向他的项目提供了更多的资金。他们很重视大洋另一边提供的机会，正如韦尔瑟家族在美洲的灾难性冒险所证明的那样。直到查理五世统治末期，西印度群岛事务交给了腓力王子时，塞维利亚的白银和热那亚及德国的贷款才成为帝国经济的重要组成部分。1590年，西印度群岛的收益只占王室收入的四分之一。这并不妨碍腓力二世认识到广阔海外领土所代表的力量。到16世纪末，海外领土和居民以及到达塞维利亚的舰队明显增强了西班牙帝国的实力。

在同一时期，西班牙人、法国人和英国人都认识到了欧洲经济和政治权力依赖于对贸易和海洋的控制。在腓力二世的推动下，西班牙拥有了极其强大的海洋舰队，一直到1640年都保持了对西印度群岛的贸易垄断。随后，英国人夺取了海上霸权。

因此，如果我们考虑中欧矿产价值的损失、海上贸易和出口的增加，以及随之而来的大西洋城市和港口的复兴，那么旧欧洲经济大西洋化的重要性不容置疑。

许多历史学家强调了16世纪的美洲在支持旧欧洲君主国方面所起的作用。在发现和统治西印度群岛的同时，

■ 文化的碰撞

商人交易所

　　这座位于贸易署旁边的建筑是塞维利亚必不可少的商业机构所在地，商人们在这里聚会谈判，将战略资产转化为实际财富。这座建筑由当时的塞维利亚大主教克里斯托弗·罗哈斯·桑多瓦尔（Cristóbal Rojas Sandoval）于1572年下令建造。今天，这里存放着西印度群岛总档案馆收藏的文献。

西班牙人——尤其是卡斯蒂利亚人——完全证明了他们是上帝所选的民族。除此之外，他们还怀着传教士的使命感。与之相反，黑色传说、与法国和荷兰的竞争，以及与英国舰队的冲突表现出其他国家的集体精神，同时造成对西班牙及其海外行动错误和负面的看法。路德和加尔文宗教改革更加深了民族情感，此后，宗教差别更加强化了这一看法。

　　新世界的出现在欧洲引发了前所未有的社会变革，带来了经济的繁荣，刺激了思想发展，改变了社会状况，以前所未有的全新方式打开了人类的视野。

在这空前的活力之下,新欧洲的形象逐渐清晰。或许美洲是发动的引擎,但旧欧洲人已经准备好承担变革重任,投入变革行动。

放债人和他的妻子

1514 年,昆廷·梅西斯(Quentin Metsys)(1466—1530)在这幅非凡的油画中描绘了安特卫普的放债人办公室。安特卫普是当时北欧重要的商业中心之一。尽管放债人通常被视为放高利贷者或贪婪的人,但放债人在一个日益依赖货币资本的社会中发挥了非常重要的作用,这种作用因美洲金银的发现而进一步增强(现藏于巴黎卢浮宫博物馆)。

档案：寻找传说中的黄金国

档案：寻找传说中的黄金国

瓜达维达、恺撒之城、特拉帕兰达、西沃拉或黄金七城，以及拉普拉塔山脉，众多神话般的所在吸引人们去探寻本不存在的宝藏。

吉梅内斯·德·克萨达（Jiménez de Quesada）
他是继阿兹特克人和印加人之后最伟大的美洲印第安文明奇布查人领土的征服者；他把所有的财富都投入寻找广为流传的黄金国的探险中，但徒劳无功。
插图 16世纪版画（现藏于马德里美洲博物馆）。

对前哥伦布时期两大美洲帝国的征服，尤其是对文明和财富远远超出征服者预期的印加帝国的征服，是无数传奇故事的来源。当然，有时这些传奇是丰富想象力美化的结果，这些故事传遍了整个欧洲，并给一切可能来自美洲的

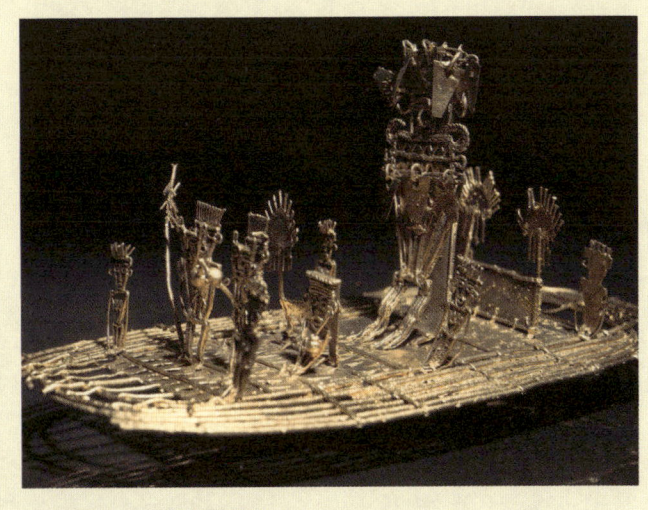

瓜达维达，传说的摇篮

瓜达维达湖是黄金王子传说的诞生地，位于坎迪博亚森斯高原，在东安第斯部落联盟的首领奇布查人（又称穆伊斯卡人）的土地上。这些部落种植玉米、棉花、土豆和藜麦，并出售布匹、盐、陶瓷、古柯和绿宝石。上图中，这个被称为"埃尔多拉多"的黄金和绿宝石筏子证明他们还是非常出色的金匠（现藏于波哥大黄金博物馆）。

东西赋予了一种特殊的异国情调：美洲的一切都是财富的代名词。在这样的背景下，以下的一切都不足为奇了：一段小小的影射、一个极普通的建议或最虚妄的故事，只要提及宝藏或遍布黄金的富裕文明，都会信以为真；任何一个印第安传说或传奇，人们都深信不疑；不仅如此，几百个冒险家或单独行动或联合起来，进行疯狂的探险，寻找本不存在的宝藏。

其中最吸引欧洲人的传说，无疑是黄金国的传说。这个传说来自一个土著故事，其中提到一位奇勃恰酋长，他是哥伦比亚高原瓜达维达湖周围土地的领主。这个口口相传的故事讲述道：这位瓜达维达领主为了惩罚妻子的通奸行为，逼迫她带着女儿一起投湖自尽。但不久之后酋长感到十分悔恨，便向部落的巫师寻求建议。巫师劝慰他，妻子和女儿生活在湖底，他可以每年献祭黄金来取悦她们。因此，酋长每年都会身披黄金和珠宝进入湖中献礼。这个故事的另一个版本则是当地的酋长会全身涂满松脂和金粉，然后进入湖中。这是塞巴斯蒂安·德·贝纳尔卡萨于1536年在秘鲁北部所讲述的情形，自此开启了对黄金国的疯狂探险。

奇勃恰人的领土

吉梅内斯·德·克萨达征服了美洲第三大文明——奇勃恰人的领土之后，来到了波哥大平原。与他同时到达的还有贝纳尔卡萨。不久之后，德国人尼古拉斯·费德曼（Nikolaus Federmann）从委内瑞拉出发，经过艰难的长途航行，也精疲力竭地来到这片土地。这3个人都是被传奇吸引而来的，并做好准备继续寻找黄金国。在建立了圣菲-德波哥大之后，3位船长回到西班牙以取得相应的权利。从那时起，这个传说就成为所有人谈论的焦点，具备经费和征服许可证的征服者们都致力于探寻黄金国，别无他想。

1559年，吉梅内斯·德·克萨达在强烈野心的驱使下，装备了一支由300名骑兵和1000名步兵组成的军队，还带了1500名印第安人搬运工，出发去寻找想象中的宝藏。在为期3年的探险期间，这支庞大的远征队不得不面对各种困难：印第安人、沼泽地、冰雪高原、沙漠荒原、饥饿和叛乱。最后，只有74名战士、4名印第安人和约100匹马幸存下来。这次行动的唯一成功之处是建立了圣阿格达-德尔瓜利。虽然克萨达抢劫了奇勃恰人的巨额财富，且曾是最富有的征服者，但在结束这次探险时，年老的他最终欠下了20万金比索的债务。

此后，精疲力竭的他苟安于靠近波哥大的苏埃斯卡庄园，在写作中聊慰痛苦，诅咒着瓜达维达酋长的传说。

亚马孙河和奥里诺科河

1540年，贡萨洛·皮萨罗和弗朗西斯科·德·奥雷拉纳深入马拉尼翁河和纳波河地区寻找肉桂之乡。这是受探险家贡萨洛·迪亚兹·德·皮内达（Gonzalo Díaz de Pineda）讲述的故事所驱使，他肯定在这片密林中可以找到著名的黄金国。在奥雷拉纳完成了航行到亚马孙河口的壮举并返回西班牙之后，许多人相信黄金王子就在森林里或大河附近。

1559年，佩德罗·德·乌苏阿被任命为欧马瓜和埃尔多拉多的总督。1年后，他带着探险队进入了亚马孙森林和水域，与洛佩·德·阿吉雷（Lope de Aguirre）一起进行了西班牙人在美洲大陆上最荒唐和最无意义的冒险。

几乎所有在奥里诺科三角洲和圭亚那进行的探险活动都是为了寻找黄金国。1531年，征服者迭戈·德·奥达斯（Diego de Ordás）因以下数桩壮举而成为传奇：以不到100人的兵力击退了3万名印第安人的进攻；爬上波波卡特佩特尔进入火山口提取硫黄制造火药；进入维拉角和亚马孙河口（当时称为马拉尼翁河）间的土地。尽管拥有史诗般的经历和500人的军队，但他最终一无所获。

奥达斯死后，他的副官杰罗尼莫·德·奥塔尔（Geronimo de Ortal）回到西班牙，请求获得探险许可证，接替他的长官继续寻找黄金国。在获得许可证后，他于1535年沿奥里诺科河北上，直到其支流梅塔河，但在这之后并没有多大进展。由于饱受疾病和疲惫困扰，他最终彻底放弃了黄金梦。

几十年之后的1567年，迭戈·埃尔南德斯·德·塞尔帕（Diego Hernández de Serpa）进行了另一次探险。他深入库马纳戈特印第安人的领土，打算在那里建立"骑士之城"作为后方基地。这就是他唯一的成就了。印第安人和大自然打败了他的探险队，他本人也在埃尔卡里萨尔的战斗中丧生（1569）。

最后一次穿越奥里诺科河口的伟大历险由安东尼奥·德·拉霍兹·贝里奥（Antonio de la Hoz Berrio）领导。他在70岁高龄时从妻子处继承了吉梅内斯·德·克萨达的权利，这使他能够探索奥里诺科河口，寻找黄金国。贝里奥的冒险开始于1580年。他在沿河的沼泽和森林中度过了17个月，却徒劳无功。他的第二次尝试也无果。他在亚马孙森林中度过了两年多不可思议的岁月，只带回了一些由印第安人提供的关于传说中的矿藏、王国和黄金城的杂乱而不确定的信息。在1590年的第三次尝试中，贝里奥带着120人沿奥里诺科河南下，其中一半人乘坐独木舟，另一半人带着200匹马在陆地行进。在接下来的一年里，他试图找到一条穿过山区的通道，但雨季使他一直停留在被水淹没的河岸上；而且由于瘟疫加上士兵潜逃，他的部队人员越来越少。经过18个月的灾难性探险，他决定放弃计划；这时的探险队只剩下50人，其中包括35名病人。

档案：寻找传说中的黄金国

寻找黄金国的阶段

1531—1535

迭戈·德·奥达斯（Diego de Ordás）和副官杰罗尼莫·德·奥塔尔（Geronimo de Ortal） 被当地人关于黄金国的传说吸引，沿着奥里诺科河逆流而上到达梅塔河。

1536—1539

吉梅内斯·德·克萨达、费德曼和贝纳尔卡萨 各自走了不同的路线，探寻已经传遍哥伦比亚、委内瑞拉和秘鲁的传说中的黄金国，最后在波哥大平原相遇。

1540—1541

贡萨洛·皮萨罗和弗朗西斯科·德·奥雷拉纳 穿越亚马孙河和亚马孙森林，寻找肉桂之乡和传说中的黄金国。与此同时，这个传说继续在欧洲传播。

1550—1560

被任命为欧马瓜和埃尔多拉多地区总督的佩德罗·德·乌苏阿（Pedro de Ursúa） 沿着亚马孙河航行，寻找传奇宝藏。远征失败，洛佩·德·阿吉雷（Lope de Aguirre）最终起义。

1567—1569

迭戈·埃尔南德斯·德·塞尔帕（Diego Hernández de Serpa） 深入库马纳戈特地区，建立了卡瓦列罗城。疟疾和印第安人的攻击使远征结束，没有发现任何黄金国的踪迹。

1580—1595

安东尼奥·德·拉霍兹·贝里奥（Antonio de la Hoz Berrio） 组织了4次探险，从奥里诺科河口深入森林，但都没有成功。在欧洲，这个传说导致了各种疯狂之举。

英国私掠者

这次失败传遍了新格拉纳达，并引起了多明戈·德·维拉（Domingo de Vera）的兴趣。他于1592年招募了30多名士兵，并在委内瑞拉海岸附近的玛格丽塔岛登陆，向贝里奥提供帮助。在两人疯狂想法的推动下，他们成立了新的探险队。维拉带着一支由35名士兵组成的先遣小分队在奥里诺科河启航，一个月后返回时少了10个人，但他声称找到了黄金国——他带回了无可辩驳的证据：数量充足的黄金。

这一消息引来了真正的狂热行为，所有人都谈论黄金和神话般的城市——几艘英国私掠船开始准备入侵特立尼达。其中包括沃尔特·雷利（Walter Raleigh）（1554—1618）领导的船只，他于1594年抵达圣约瑟，破坏并烧毁了该城，并俘虏了贝里奥。雷利沿着奥里诺科河北上航行，在一个星期内不断寻找西班牙人一个世纪以来所渴望的东西，但并没有成功。

英国私掠者的故事进一步扩大了这个黄金传说的影响，也让安东尼奥·德·拉霍兹·贝里奥声名鹊起。腓力二世提供了7万杜卡托以资助新的远征，而数百名志愿者在塞维利亚排队入伍。到了1595年复活节，28艘船只和超过1500人抵达特立尼达岛对面的帕里亚湾。然而，探险队从一开始

沃尔特·雷利先生　1599年版画，英国私掠者在特立尼达抓获总督贝里奥（纽约格兰杰收藏）。

就很不走运。他们离开卡迪克斯湾时，就受到了雷利的攻击，损失了几艘船，并推迟了出发时间。在穿越大西洋后，船只在特立尼达岛登陆，但那里既没有补给，也没有合适的地方供这么多人吃住（首都圣约瑟仅有20间稻草和黏土筑成的房子，而西班牙港只是一个小小的渔民码头）。饥饿的西班牙人劫掠了印第安人村庄，印第安人则伏击所有沿奥里诺科河而上的探险队进行报复。最终，400名西班牙人在此丢了性命。接下来就是叛乱、逃亡和内部争斗。不得不说，这是狂热追求黄金应有的结局。

金制胸饰　哥伦比亚安第斯山脉的钦巴雅人酋长佩戴这种类型的胸饰（现藏于波哥大黄金博物馆）。

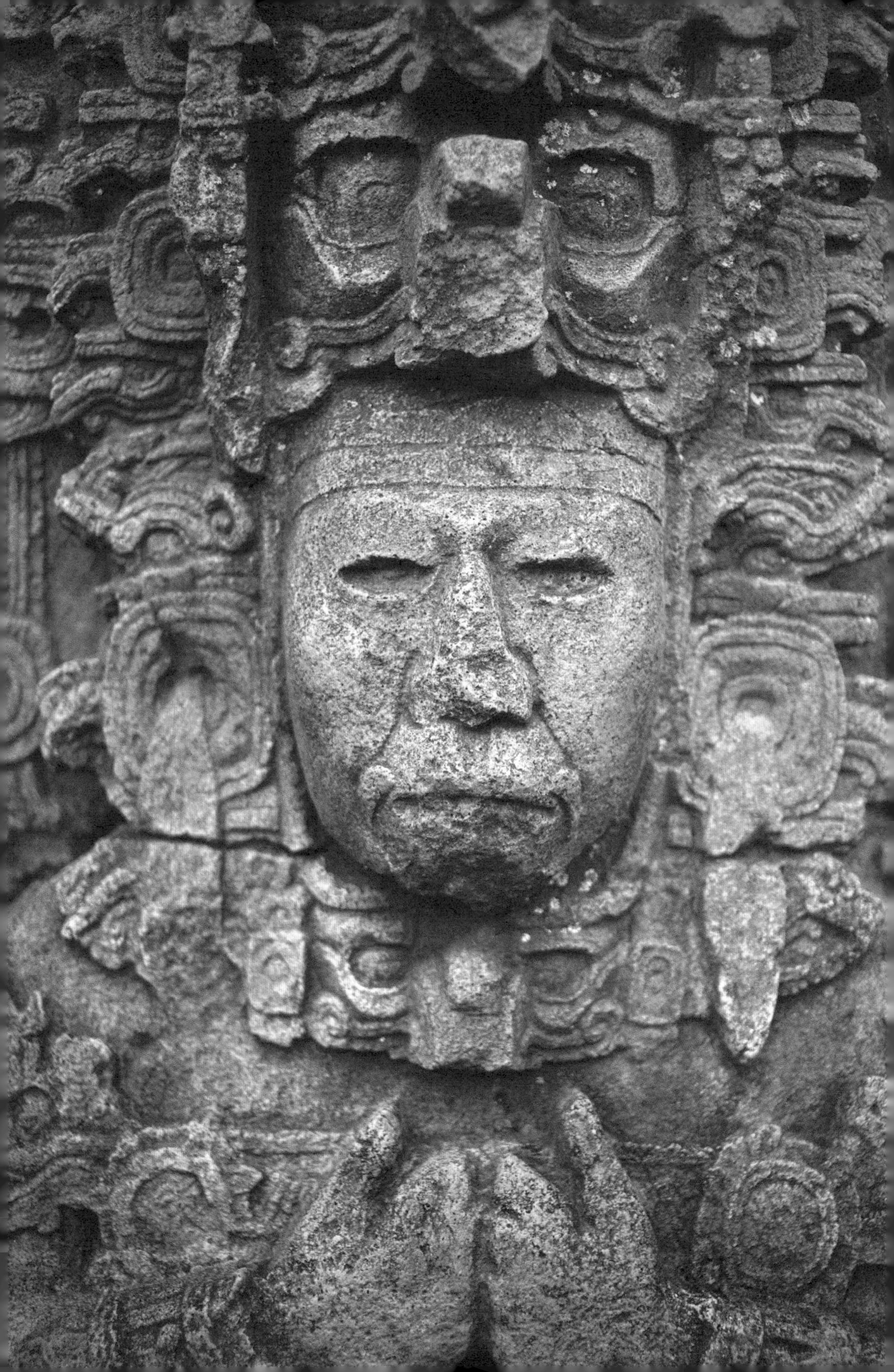

附　录

对照年表：欧洲、美洲和非洲、东方 218
王朝列表 220

插图（左侧） 雕刻了国王祖兹乔穆昂（Zots Choj Muan）形象的石碑。公元6世纪时，他统治以托尼纳为首都的恰帕斯国。在古典时期后期（600—900），该城市成为玛雅较大的都城之一。

对照年表：欧洲、美洲和非洲、东方

欧洲

1462—1484
- 卡斯蒂利亚的伊萨伯拉一世和阿拉贡的斐迪南二世的联姻
- 卡斯蒂利亚和阿拉贡王室的联合
- 卡斯蒂利亚王国和葡萄牙王国之间的《阿尔卡索瓦条约》
- 哥伦布向葡萄牙国王陈述他的计划，通过大西洋前往印度群岛
- 葡萄牙的若昂二世建立矿产之家

文化成就：
- 葡萄牙人改进了快帆船

1485—1499
- 天主教双王和哥伦布签订了《圣塔菲协议》
- 征服格拉纳达
- 葡萄牙的曼努埃尔一世登上王位
- 美洲的发现：哥伦布抵达瓜纳哈尼岛
- 教皇亚历山大六世颁布教皇子午线谕旨
- 《托德西利亚斯条约》：西班牙和葡萄牙之间以大西洋上的界线划分新世界势力范围

文化成就：
- 瓦伦西亚大学的建立

1500—1514
- 查理五世出生
- 在塞维利亚成立殖民地贸易署
- 天主教女王伊萨伯拉逝世
- 克里斯托弗·哥伦布在巴利阿多里德
- 布尔戈斯法伊起草

文化成就：
- 伊拉斯谟的《对疯狂的赞颂》(Éloge de la folie)
- 建立阿尔卡拉大学
- "美洲"一词第一次在马丁·瓦尔德泽米勒（Martin Waldseemüller）的《宇宙学入门》一书中出现

美洲和非洲

1462—1484
- 印加帝国缔造者帕查库特克去世。印加帝国扩张到最大
- 欧洲人在非洲的第一批的定居点：葡萄牙人抵达佛得角
- 费尔南德斯·德·卢戈驱逐了加那利群岛的葡萄牙人

文化成就：
- 玛雅语的第一部书面作品《波波尔·乌》

1485—1499
- 巴尔托洛梅乌·迪亚士绕过好望角
- 西班牙征服了梅利利亚
- 征服特内里费岛并巩固了西班牙在加那利群岛的统治
- 哥伦布第一次、第二次和第三次抵达美洲

文化成就：
- 特诺奇蒂特兰大神庙广场翻新

1500—1514
- 卡布拉尔抵达巴西
- 莫克特祖玛二世，阿兹特克皇帝
- 哥伦布第四次航行
- 圣多明各法院建立
- 葡萄牙人在莫桑比克建定居点
- 庞塞·德·莱昂创建圣胡安－包蒂斯塔（波多黎各）
- 努涅斯·德·巴尔沃亚发现了太平洋

东方

1462—1484
中国
- 明宪宗统治时期（年号成化）
- 蒙古族人攻击北方地区

日本
- 应仁之乱开启了日本的战国时代

柬埔寨
- 高棉文明衰落

1485—1499
中国
- 严重的饥荒和流行病时期开始。
- 云南发生了强烈地震，灾民无数。

印度
- 瓦斯科·达·伽马绕过好望角，并到达卡利卡特港
- 毗奢耶那伽罗帝国扩张到最大疆域，占据了一半的印度次大陆。帝国的首都居民达到500000人

1500—1514
印度尼西亚
- 葡萄牙人占领摩鹿加群岛

印度
- 那纳克创立了锡克教

日本
- 有实力的大名之间为争夺幕府的控制权而进行的战争

波斯
- 奥斯曼在恰尔德兰击败了萨法维帝国

文化成就：
- 武士等级制度的确立

1515—1529
- 天主教国王斐迪南去世
- 查理一世被加冕为西班牙国王
- 沃尔姆斯议会和对路德的惩罚
- 麦哲伦从圣卢卡起航
- 查理五世在帕维亚打败了弗朗索瓦一世
- 攻陷罗马
- 土耳其人围攻维也纳
- 《坎布雷和约》

文化成就：
- 路德起草了95条论纲，反对教会出售"赎罪券"的做法

1530—1544
- 苏莱曼大帝兵临维也纳城下
- 查理五世在博洛尼亚被加冕为神圣罗马帝国皇帝
- 巴利阿多里德政务会制定了《西印度群岛新法律》（Leyes Nuevas de Indias）
- 三十人宗教评议会举行第一届会议
- 法国和西班牙签署《克雷皮和约》，两国之间的战争结束

文化成就：
- 拉卡萨：西印度群岛残酷现状的简短报告

1545—1560
- 施马卡尔登新教联盟成立 查理五世在米尔贝格战役中获胜
- 《奥格斯堡和约》签署，对新教徒的战争结束
- 查理五世退位，他的儿子腓力二世继位

文化成就：
- 塞万提斯诞生
- 伊斯坦布尔的苏莱曼清真寺开始建造

1515—1529
- 建立哈瓦那，非洲奴隶贸易开始
- 胡安·迪亚斯·德·索利斯进入拉普拉塔河口
- 科尔特斯远征墨西哥和阿兹特克帝国的灭亡
- 华斯卡被选为印加皇帝
- 韦尔瑟家族开始在委内瑞拉寻找黄金国
- 麻疹流行病摧毁了安的列斯群岛
- 墨西哥皇家法院成立
- 东印度群岛航线开通，这是一条西班牙武装商船运输线路

1530—1544
- 阿塔瓦尔帕去世，印加帝国被征服
- 贝尔纳尔卡萨建立基多
- 皮萨罗建立了利马和特鲁希略
- 在新西班牙设立铸币厂
- 门多萨建立布宜诺斯艾利斯
- 吉梅内斯·德·克萨达建立圣菲波哥大
- 葡萄牙人进入埃塞俄比亚

文化成就：
- 美洲第一本书在墨西哥印刷

1545—1560
- 玻利维亚波托西以及墨西哥萨卡特卡斯和瓜纳华托矿藏的发现
- 劳塔罗酋长带领的起义
- 西班牙王室禁止把土著人变成奴隶
- 安东尼奥·德·门多萨任秘鲁总督

文化成就：
- 第一批方济各会修士抵达新格拉纳达（哥伦比亚）

1515—1529
印度尼西亚
- 葡萄牙入侵东帝汶

中国
- 葡萄牙人在广州的非法贸易

菲律宾
- 穿越太平洋后，麦哲伦在麦克坦岛去世

新几内亚
- 阿尔瓦罗·德·萨维德拉·塞隆发现了印度岛

印度
- 莫卧儿皇帝巴布尔在加格拉击败了拉其普特人

1530—1544
菲律宾
- 洛佩斯·德·比利亚洛沃斯的舰队抵达菲律宾

文化成就：
- 诗人杜勒西达斯诞生，他的作品有《罗摩功行录》

1545—1560
印度
- 阿克巴登上莫卧儿帝国王位

中国
- 葡萄牙人侵占澳门

日本
- 圣弗朗索瓦·泽维尔开始传播基督教
- 洛佩斯·德·比利亚洛沃斯在安汶去世
- 日本海盗袭击韩国海岸

王朝列表

支持征服的君主国

西班牙

天主教国王阿拉贡的斐迪南二世

- 西西里岛国王 　　　　　　　　　1468—1516
- 阿拉贡国王 　　　　　　　　　　1479—1516
- 卡斯蒂利亚国王（通过《塞戈维亚协约》，成为该王国的斐迪南五世） 　　1475—1504
- 那不勒斯国王 　　　　　　　　　1504—1516
- 卡斯蒂利亚（根据伊萨伯拉一世的遗嘱，担任女儿胡安娜一世的）摄政王 　　1504—1506
- 卡斯蒂利亚（女婿腓力一世去世后，再次任女儿乔安娜一世的）摄政王 　　1507—1516

天主教国王卡斯蒂利亚的伊萨伯拉一世

- 卡斯蒂利亚女王 　　　　　　　　1474—1504
- 新发现的西印度群岛领土的统治者

卡斯蒂利亚的（疯女）胡安娜一世（1509年被隐居在托德西利亚斯王宫）

- 卡斯蒂利亚名义上的女王 　　　　1504—1555
- 父亲斐迪南五世摄政 　　1504—1506，1507—1516
- 丈夫腓力一世摄政 　　　　　　　　　　1506
- 儿子查理一世执政 　　　　　　　1516—1555
- 名义上的纳瓦尔女王 　　　　　　1515—1555
- 名义上的阿拉贡女王 　　　　　　1516—1555
- 名义上的那不勒斯女王 　　　　　1516—1555

卡斯蒂利亚的（美男子）腓力一世

- 勃艮第公爵 　　　　　　　　　　1482—1506
- 卡斯蒂利亚国王 　　　　　　　1506年3月至9月

西班牙的查理一世和神圣罗马帝国的查理五世

- 勃艮第公爵 　　　　　　　　　　1506—1556
- 卡斯蒂利亚和阿拉贡的国王 　　　1516—1556
- 荷兰君主 　　　　　　　　　　　1515—1555
- 西西里岛国王 　　　　　　　　　1516—1554
- 那不勒斯国王 　　　　　　　　　1521—1554
- 奥地利大公 　　　　　　　　　　1519—1556
- 神圣罗马帝国皇帝（1530年在博洛尼亚登基） 　　　　　　　　　　　　　1520—1556

西班牙的腓力二世

- 米兰公爵 　　　　　　　　　　　1540—1598
- 那不勒斯国王 　　　　　　　　　1554—1598
- 英格兰和爱尔兰国王（女王的丈夫） 　1554—1558
- 卡斯蒂利亚、阿拉贡和西西里岛国王 　1556—1598
- 荷兰君主 　　　　　　　　　　　1555—1598
- 科西嘉和撒丁岛的君主 　　　　　1556—1598
- 葡萄牙国王 　　　　　　　　　　1580—1598

葡萄牙（阿维斯王朝）

- 阿方索五世，外号"非洲人" 　　　1438—1481
- 若昂二世 　　　　　　　　　　　1481—1495
- 曼努埃尔一世 　　　　　　　　　1495—1521
- 若昂三世 　　　　　　　　　　　1521—1557
- 塞巴斯蒂安 　　　　　　　　　　1557—1578
- 亨利红衣主教 　　　　　　　　　1578—1580

前哥伦布时期的统治者

印加帝国

库斯科王国

- 胡林·库斯科王朝

- 曼科·卡帕克一世　　　　　　约1200—约1230

- 辛奇·罗卡　　　　　　　　　约1230—约1260

- 略克·尤潘基　　　　　　　　约1260—1290

- 迈塔·卡帕克约　　　　　　　1290—1320

- 卡帕克·尤潘基约　　　　　　1320—1350

- 哈南·库斯科王朝

- 印加·罗卡约　　　　　　　　1350—1380

- 亚瓦尔·瓦卡　　　　　　　　约1380—约1400

- 维拉科嘉约　　　　　　　　　1400—1438

印加帝国或塔万廷苏尤

- 哈南·库斯科王朝

- 帕查库特克　　　　　　　　　1438—1471

- 图帕克·尤潘基　　　　　　　1471—1493

- 瓦伊纳·卡帕克　　　　　　　1493—1525

- 华斯卡　　　　　　　　　　　1525—1532

- 阿塔瓦尔帕　　　　　　　　　1532—1533

西班牙人推立的印加皇帝

- 图帕克·瓦尔帕　　　　　　　　　　　1533

- 曼科·卡帕克二世　　　　　　1533—1536

- 保卢·印加　　　　　　　　　1537—1549

印加比尔卡班巴王国

- 曼科·卡帕克二世　　　　　　1537—1545

- 塞里·图帕克　　　　　　　　1545—1558

- 蒂图·库西·尤潘基　　　　　1558—1570

- 图帕克·阿马鲁一世　　　　　1570—1572

阿兹特克帝国

墨西哥人的国王

- 托茨库埃奎斯特利　　　　　　1233—1272

- 惠提黎惠特　　　　　　　　　1272—1299

- 伊阑库埃特尔　　　　　　　　1299—1347

- 特诺赫　　　　　　　　　　　1347—1366

墨西哥人的帝王

- 阿卡马皮奇特利　　　　　　　1366—1391

- 维齐利维特尔　　　　　　　　1391—1417

- 奇马尔波波卡　　　　　　　　1417—1427

- 伊茨科阿特尔　　　　　　　　1427—1440

- 莫克特祖玛一世　　　　　　　1440—1469

- 阿哈雅卡特尔　　　　　　　　1469—1481

- 提佐克　　　　　　　　　　　1481—1486

- 奥伊佐特　　　　　　　　　　1486—1502

- 莫克特祖玛二世　　　　　　　1502—1520

- 奎特拉瓦克　　　　　　　　　　　　1520

- 瓜特穆斯　　　　　　　　　　1520—1525

NATIONAL GEOGRAPHIC

图书在版编目（CIP）数据

征服美洲/ 美国国家地理学会编著；赵宇霞译. -- 北京：现代出版社，2023.7

（美国国家地理全球史）

ISBN 978-7-5143-9994-3

Ⅰ. ①征… Ⅱ. ①美… ②赵… Ⅲ. ①文化冲突－西班牙、美洲－中世纪 Ⅳ. ①K551.03 ②K700.3

中国国家版本馆CIP数据核字（2023）第088128号

版权登记号：01-2022-7055

© RBA Coleccionables, S. A. 2018
© Of this edition: Modern Press Co., Ltd.2023
NATIONAL GEOGRAPHIC及黄框标识，是美国国家地理学会官方商标，未经授权不得使用。
由北京久久梦城文化发展有限公司代理引进

征服美洲（美国国家地理全球史）

编 著 者：	美国国家地理学会
译　　者：	赵宇霞
策划编辑：	吴良柱
责任编辑：	张　霆　张　瑾
内文排版：	北京锦创佳业文化传播有限公司
出版发行：	现代出版社
通信地址：	北京市安定门外安华里504号
邮政编码：	100011
电　　话：	010-64267325　64245264（兼传真）
网　　址：	www.1980xd.com
印　　刷：	固安兰星球彩色印刷有限公司
开　　本：	710mm*1000mm 1/16
印　　张：	14　　　　　字　　数：202千
版　　次：	2023年7月第1版　印　次：2023年7月第1次印刷
书　　号：	ISBN 978-7-5143-9994-3
定　　价：	88.00元

版权所有，翻印必究；未经许可，不得转载